Sven Lindqvist

Durch das Herz der Finsternis

Ein Afrika-Reisender auf den Spuren des europäischen Völkermords

Aus dem Englischen von Armin Huttenlocher

Mit einem Vorwort von Urs Widmer

Campus Verlag
Frankfurt / New York

Die schwedische Originalausgabe *Utrota varenda jävel* erschien 1992
bei Albert Bonniers Förlag AB, Stockholm.
Copyright © 1992 Sven Lindqvist

Die deutsche Übersetzung beruht auf der autorisierten englischen Ausgabe,
die 1997 unter dem Titel *»Exterminate All the Brutes«* bei Granta Books,
London, erschienen ist.

Redaktion: Regina Stötzel, Marburg

Die Deutsche Bibliothek – CIP-Einheitsaufnahme

Lindqvist, Sven:
Durch das Herz der Finsternis : ein Afrika-Reisender auf den Spuren
des europäischen Völkermords / Sven Lindqvist. Aus dem Engl. von
Armin Huttenlocher. Mit einem Vorwort von Urs Widmer. –
Frankfurt/Main ; New York : Campus Verlag, 1999
Einheitssacht.: Utrota varenda jävel <dt>
ISBN 3-593-36176-0

Umschlaggestaltung: Guido Klütsch, Köln
Satz: TypoForum GmbH, Singhofen
Druck und Bindung: MPI, Paderborn
Gedruckt auf säurefreiem und chlorfrei gebleichtem Papier.
Printed in Germany

Für Olof Lagercrantz,
der mit dem *Herz der Finsternis* reiste,
und Etienne Glaser,
der den Adolf in *Hitlers Kindheit* spielte

Man sollte Juden und Neger wirklich ausrotten.
Wir werden siegen.
Die anderen Rassen werden verschwinden und aussterben.
Weißer Arischer Widerstand, Schweden 1991

Ihr könnt uns ausrotten.
Aber die Kinder der Sterne können niemals Hunde sein.
Somabulano, im Kongo 1896

INHALT

VORWORT
VON URS WIDMER

Ich will gleich zu Beginn dieses Vorworts laut und deutlich sagen, daß ich dieses Buch für sehr interessant halte und ihm viele Leser wünsche. Dabei ist Sven Lindqvist keiner, dessen erste Schritte ich fürsorglich begleiten müßte. Er ist anderswo (in Skandinavien, in den englischsprachigen Ländern) ein hochberühmter Mann. Er hat eine kaum überschaubare Zahl von Büchern geschrieben und ist auch, mit seinen sechsundsechzig Jahren, kein ganz junger Mann mehr, auch wenn die Lektüre seines Buches mich zuweilen denken ließ, ein Dreißigjähriger habe es geschrieben. So viel Neugier, so viel Lebendigkeit, so viel Anteilnahme am Schicksal von uns Menschen. Allenfalls die Sicherheit seiner Gefühle und die Fülle seiner Kenntnisse lassen den unbefangenen Leser ahnen, daß da kein Jugendlicher spricht.

Dieses Buch ist halb Roman, halb wissenschaftliche Prosa (etwas, was eigentlich schief gehen müßte, hier aber auf's Schönste gelingt) und gibt uns eine dumpfe Ahnung von den Greueln, die der europäische Kolonialismus in der Welt angerichtet hat. Aber es ist vor allem eine Geschichte der hanebüchenen Begründungen, die »wir« uns von damals bis heute ausgedacht haben und ausdenken, um uns selber und anderen plausibel zu machen, wieso »wir« andersfarbige Völker anderswo umbringen dürfen, ja: müssen. So daß Lindqvist, all seiner romanhaften Lockerheit zum Trotz, nichts weniger als eine Abrechnung mit den Ideologien schreibt, die zu den Genoziden unseres geschundenen Jahrhunderts geführt haben und offenkundig mit den systematischen Massenmorden der Nazis immer noch kein Ende gefunden haben.

Lindqvist leiht sich den Titel seines Buchs bei Joseph Conrad aus. »Exterminate all the brutes« ist eine Notiz, die Kurtz, jenes kolonialistische Ur-Ungeheuer aus »Heart of Darkness«, an den Rand eines sonst vor philanthropischen Phrasen überquellenden Gutachtens über die Eingeborenen des Kongo schreibt. Sie drückt seine eigentliche Meinung aus und bringt die kollektive Meinung aller – so ungefähr aller – auf den Punkt, die zu seiner Zeit ihren Blick überhaupt auf jene fernen Regionen gerichtet hielten. »Exterminate all the brutes« stand auf den Bannern *aller* Kolonialisten. Nicht nur der belgischen im Kongo, auch der französischen, der deutschen und – am deutlichsten – der britischen.

Ein Mann, der mit einem Laptop im Gepäck auf den Spuren Joseph Conrads durch Afrika reist, um während der Reise das Buch zu schreiben, das wir nun in Händen halten: dieses Szenario Lindqvists ist mir vertraut. Ich habe es, mit anderen Zielen und verschiedenen Ergebnissen, selber schon gebraucht. Tatsächlich ist – auf einer ersten Ebene – Lindqvists Buch ein Reisebericht, von fern den Arbeiten Bruce Chatwins vergleichbar. Es ist – im Afrika von heute – eine Suche nach der Geschichte hinter Joseph Conrads Meisterwerk, keine Interpretation also, sondern eine Abklärung der Hintergründe, vor denen diese erste große literarische Abrechnung mit dem Kolonialismus entstand. Lindqvist hat sich mit offenen Augen durch die Presse von damals gelesen – jene, die auch Conrad las –, und er hat mit großen Ohren auf die Echos der Debatten von damals gehorcht. Dabei hat er eine Unzahl von Erkenntnissen gewonnen, die einzeln vielleicht klein sind, in ihrer Vielzahl aber äußerst erhellend für das Verständnis dafür, wie die europäische Welt im allgemeinen und Joseph Conrad im besonderen den Kolonialismus wahrnahmen, wahrnehmen konnten, und wie die öffentliche Meinung über diesen just zu Beginn des Jahrhunderts sich zu verändern begann. Vom ungetrübten Stolz auf die Heldentaten der eigenen Nation und Rasse hin zu einem ersten Erschrecken über die Grausamkeiten, die die in viel philanthropischen Nebel gehüllten Raubzüge mit sich brachten. Bis zur beginnenden Erkenntnis, daß die gesamte Kolonialpolitik Massenmord war. Daß die Geschichte des Kolonialismus eine Geschichte der Ausrottung ganzer Völker und Rassen war. »Exterminate all the brutes!«

Als Joseph Conrad 1891 in den Kongo kam, um dort das Kommando eines Flußdampfers zu übernehmen, wußte er kaum etwas von den Ungeheuerlichkeiten, die dort Alltag waren. Er erfuhr es, langsam und ungläubig, durch den Augenschein, und mehr noch durch seine Freundschaft mit einem jungen Iren, der am Bau der Eisenbahnverbindung von der Küste ins heutige Kinshasa mitarbeitete, das damals noch nicht einmal Leopoldville hieß. Er hieß Roger David Casement (Lindqvist erwähnt ihn seltsamerweise nicht), hatte, als Conrad mit ihm Freundschaft schloß, seine Augen schon weit offen und öffnete ohne Zweifel die seines neuen Freundes. Er läutete dann recht eigentlich das Ende des Schreckensregimes Leopolds II. ein, indem er 1904, zwei Jahre nach *Heart of Darkness*, seine »Papers« herausgab, eine Dokumentation von Greueln, die die Öffentlichkeit nun nicht mehr übersehen konnte und in der Folge auch nicht übersah. Die Anklage, die Conrads Roman enthielt und die von den Lesern durchaus verstanden worden war, fand ihre Beweise. König Leopold II. allerdings, dieses Monster im Frack, konnte sich in seinen Tod retten, ohne jemals für seine Untaten vor irgendeinem Gericht gestanden zu haben. Das scheint ein Vorrecht von Monarchen, von Diktatoren, von Massenmördern auf Präsidentenstühlen zu sein.

Lindqvist zeigt, wie gerade zu der Zeit, in der Joseph Conrad sein Meisterwerk schrieb, das öffentliche Gewissen in Europa zu erwachen begann. Ein paar Unternehmungen im fernen Afrika waren zu sehr schief gegangen. Ein paar Völkermorde waren zu furchtbar gewesen. Ein paar Feldzüge hatten zu sehr dem Abschlachten von Vieh geglichen. In der Tat hatten allzu viele, etwa das spätere Jugendidol Sir Robert Baden-Powell oder der junge Winston Churchill, von diesen Eroberungskriegen so gesprochen, als seien sie so etwas wie Jagdausflüge gewesen. Man freute sich über besonders gelungene Abschüsse. Ärgerte sich, wenn das Wild – Männer, Frauen, Kinder – sich nicht willig vor die Flinte stellte. Keiner dachte, daß die Überlegenheit der Europäer schlicht darin bestand, daß sie die besseren Waffen hatten.

Eine Darstellung des Genozids also, für den »wir« seit Kolumbus und Cortez verantwortlich sind und der seinen bisher furchtbarsten Höhepunkt im Massentöten der Nazis gefunden hat. Lindqvist, der weiß, daß es ein solch systematisches Ausrotten von Menschen vorher noch nie gegeben hatte – daß es also »einzigartig« in der Geschichte der Menschheit ist –, scheut sich dennoch nicht, es mit anderen Völkermorden zu vergleichen. Er zeigt die breite Blutspur, die zu Hitler hinführt, und er weist uns – ich glaube, zu Recht – darauf hin, daß dieser weit weniger Konzepte und Methoden der stalinistischen Sowjetunion als vielmehr altvertraute westliche Ideologien und Praktiken ins Allerentsetzlichste weitertrieb. Und es ist ja auch noch kein Ende *dieser* Geschichte erreicht. Immer noch und wieder werden Menschen umgebracht, weil sie einer anderen ethnischen Gruppe angehören. Wie kann jemand am Ende dieses mit solch untragbaren Erinnerungen belasteten Jahrhunderts dafür plädieren, »wir« seien nun alle wieder normal, und das Leben gehe nun mal weiter? Außer, wir akzeptieren das Massenmorden als eine neue Normalität?

Wer weiß einen Ausweg? Wer ist *sicher*, daß – nur zum Beispiel – die Amerikaner völlig und ganz im Recht sind, wenn sie Saddam Hussein in Schutt und Asche schießen? Oder ob die Amerikaner – »wir«! – nicht auch wieder nur, in alter kolonialistischer Tradition, die besseren Waffen haben? Nicht etwa die Besseren *sind*?

Oder Afrika heute? Ein Millionensterben. Wir sind entsetzt und sammeln Geld. Könnte es nicht dennoch sein, daß wir heimlich, klammheimlich mit dem Massentod dort fern auch einverstanden sind? Daß einige, der Macht und ökonomischen Interessen näher, solche Gedanken beinah schon öffentlich denken? Weil nämlich, wenn schon die bösen Götter ihr Menschenopfer kriegen sollen und irgendwer auf diesem Erdball sterben *muß*, dann sollen das bitte doch lieber jene Schwarzen dort sein, und nicht wir. Und überhaupt, was geschähe, wenn es denen plötzlich gut ginge? Wenn sie unsere Waffen, unsere Kräfte, unsere Ressourcen, unser Geld hätten? Dann wären die morgen schon bei uns und machten *uns* den Garaus. Es könnte also besser sein – und ist das nicht der Generalbaß *aller* Afrika-Politik der sogenannten Ersten Welt? –, das aktuelle mörderische Elend so zu belassen. Daß die sich gegenseitig umbringen. Natürliche Selektion. Darwinismus pur.

Sven Lindqvists Buch weiß keine Lösung. Es ist radikal, es nimmt Anteil, es weiß von Schmerzen und Leiden, es ist materialreich.

Und es hat, mitten in all dem referierten Grauen, immer wieder eine schier heitere Leichtfertigkeit, die uns ahnen läßt, daß auch ein anderes Leben denkbar wäre. Ein anderes Miteinander der Völker.

VORBEMERKUNG

Das folgende ist eine Geschichte, kein Beitrag zur Geschichtsforschung. Es ist die Geschichte eines Mannes, der sich aufgemacht hat, die Sahara mit dem Bus zu durchqueren. Und es ist der Bericht dieses Reisenden, der zugleich mit seinem Computer die Ideengeschichte der Völkervernichtung durchstreift.

In kleinen, sandigen Wüstenhotels kreisen seine Gedanken um einen Satz aus Joseph Conrads Novelle *Herz der Finsternis*: »Exterminate all the brutes.« – »Schlagt diese Bestien alle tot.«

Was veranlaßt Kurtz, seinen Bericht über die zivilisatorischen Aufgaben der Weißen in Afrika mit diesen Worten zu beschließen? Was bedeuteten sie für Conrad und seine Zeitgenossen? Und was veranlaßte Conrad, diese Worte gleichsam als Quintessenz einer Rhetorik hervorzuheben, die selbstherrlich auf einer besonderen Verantwortung Europas gegenüber den Völkern anderer Kontinente bestand?

1949, im Alter von siebzehn Jahren, als ich *Herz der Finsternis* zum ersten Mal las, glaubte ich die Antworten auf all diese Fragen zu kennen. Die »schwarzen Schatten des Leidens und des Hungers«, von denen Conrad im »Hain des Todes« erzählt, glichen vor meinem inneren Auge jenen ausgemergelten Kreaturen, die wenige Jahre zuvor aus deutschen Konzentrationslagern befreit worden waren. Conrad, so schien es mir, war ein Prophet. Er hatte den Horror vorausgesehen, der wenig später über die Welt gekommen war.

Hannah Arendt wußte es besser. Sie erkannte, daß Conrad den Genozid seiner eigenen Zeit beschrieb. In ihrem ersten Werk *The Origins of Totalitarianism* (1951; dt.: *Elemente und Ursprünge totaler Herrschaft*) zeigte sie, wie dringend der Imperialismus des rassistischen

Gedankenguts bedurfte, um seine Taten zu rechtfertigen. »Die weitaus meisten aller Elemente, die in der Vergangenheit dazu dienten, totalitäre Herrschaftssysteme auf rassistischer Grundlage aufzubauen, liegen näher bei jedem einzelnen von uns selbst, als mancheiner wahrhaben will.« Unvergessen ist Hannah Arendts These, derzufolge der Nationalsozialismus und der Kommunismus eine gemeinsame Wurzel haben.

Verdrängt hingegen scheint ihr Diktum, mit dem sie die »furchtbaren Massaker« und das »wilde Morden« der europäischen Imperialisten verantwortlich gemacht hat für eine »triumphale Einführung solcher Befriedungsvorstellungen als ein Mittel ganz und gar alltäglicher und allseits respektierter Außenpolitik«. Das, so Hannah Arendt, sei der eigentliche Ursprung für totalitäre Herrschaftsideen gewesen – und für den zumeist damit verbundenen Völkermord.

Steven T. Katz versucht im ersten Band seiner Studie The Holocaust in Historical Context (1994) den Beweis für die »phänomenologische Einzigartigkeit« des Holocaust zu erbringen. Mit Verachtung spricht er von jenen, die im Gegensatz zu ihm auf historischen Parallelen bestehen. Es gelte, so schreibt er, diesem »Paradigma der Vergleichbarkeit« ein für alle Mal ein »Paradigma der Einzigartigkeit« entgegenzustellen.

Mir hingegen scheinen beide Betrachtungsweisen gleichermaßen berechtigt, ja, erst in der Ergänzung zueinander schlüssig zu sein. In Anlehnung an das »Paradigma der Vergleichbarkeit« findet mein Wüstenreisender Hinweise darauf, daß die Vernichtung »niederer Rassen«, wie sie von den Europäern propagiert und auf vier Kontinenten betrieben wurde, letztlich den Boden bereitet hat für die Ermordung von sechs Millionen Juden in Europa durch Hitler.

Gewiß, jeder Völkermord weist unvergleichbare Merkmale auf. Und doch kann ein Ereignis zu einem anderen beitragen, ohne daß die beiden identisch sind. Die europäische Expansionspolitik mit ihrer schamlosen Rechtfertigung des Völkermords hat Denkgewohnheiten und politische Präzedenzfälle geschaffen, die den Weg frei gemacht haben für immer neue Gewalttätigkeiten. Ihr vorläufig grauenvollster Höhepunkt war der Holocaust.

TEIL I

Nach In Salah

1

Ihr wißt schon genug. Ich auch. Nicht an Wissen mangelt es uns. Was fehlt, ist der Mut, begreifen zu wollen, was wir wissen, und daraus die Konsequenzen zu ziehen.

2

Tademait, das ist die »Wüste unter den Wüsten«, die lebloseste aller leblosen Gegenden in der Sahara. Keine Spur von Vegetation, alles Leben ausgelöscht. Der Boden schwarz und glänzend, bedeckt von jenem Firnis, den die Hitze aus den Steinen preßt.

Der Nachtbus, die einzige Verbindung zwischen El Goléa und In Salah, braucht sieben Stunden – mit etwas Glück. Man erkämpft sich seinen Sitzplatz gegen ein Dutzend Soldaten in grobschlächtigen Stiefeln, deren Art sich durchzusetzen deutlich von einer Nahkampfausbildung bei der algerischen Armee in Sidi-bel-Abbès zeugt. Wer noch dazu ein Kernstück europäischen Denkens, gespeichert in einem altmodischen Computer, mit sich schleppt, der ist bedauernswert gehandicapt.

An der Abzweigung Richtung Timmimoun werden durch ein Loch in einer Mauer heiße Kartoffelsuppe und Brot gereicht. Dann endet die ramponierte Asphaltpiste, der Bus setzt seine Reise durch eine weglose Ödnis fort.

Man fühlt sich wie beim Rodeo. Der Bus verwandelt sich in einen wilden Gaul. Mit klappernden Fenstern und quietschenden Federn schaukelt, stampft und springt er vorwärts. Jeder Stoß ein Schlag gegen die Hardware meines Laptops und gegen die Software meines Rückens. Das Sitzen wird zur Qual. Abwechselnd hänge ich mich ans Gepäcknetz oder kauere mich in die Hocke. Wie habe ich mich davor gefürchtet. Wie habe ich mich danach gesehnt.

Schöner kann eine Nacht im Mondschein nicht sein. Stunde um Stunde zieht draußen die weiße Wüste vorbei: Steine und Sand, Steine und Kies, Kies und Sand – alles schimmernd wie Schnee. Nichts geschieht, bis plötzlich draußen in der Dunkelheit ein Feuersignal aufleuchtet. Einer der Passagiere steigt aus und macht sich zu Fuß auf den Weg, schnurgerade in die Wüste hinaus.

Das Geräusch seiner Schritte verliert sich im Sand. Dann verschwindet er. Und auch wir tauchen wieder ein in die weiße Dunkelheit.

3

Ein Kernstück europäischen Denkens? Ja, da ist dieser Satz, dieser eine, kurze, schlichte Satz, ein paar Worte nur, die die gesamte Geschichte unseres Kontinents erfassen, womöglich die Geschichte der Menschheit, ja, des Lebens insgesamt, vom Holozän[1] bis in den Holocaust.

Nichts sagt dieser Satz über Europa als die Wiege von Menschlichkeit, Demokratie und Wohlfahrt. Nichts zu allem, worauf wir mit Recht stolz sind. Statt dessen die Wahrheit, die wir leichthin zu vergessen pflegen.

Jahrelang habe ich nachgedacht über diesen Satz. Berge von Material habe ich angehäuft, Schriften, die ich niemals durchgehen werde. Am liebsten würde ich verschwinden, hier in dieser Wüste, wo mich niemand findet, wo mir alle Zeit der Welt gehört. Verschwinden und nicht zurückkommen, bevor ich verstanden habe, was ich so lange schon weiß.

4

In Salah. Ich steige aus.

Kein Mond scheint mehr. Der Bus hat alles Licht mit fort genommen. Undurchdringliche Dunkelheit.

Hier, knapp außerhalb von In Salah, muß es gewesen sein, wo man einst dem schottischen Entdecker Alexander Gordon Laing auflauerte. Fünf Säbelhiebe auf den Kopf, drei gegen die linke Schläfe. Ein weiterer gegen die Wange bricht ihm den Kiefer und spaltet sein Ohr. Einer in den Nacken dringt bis zur Luftröhre durch. Eine Kugel in die Hüfte streift die Wirbelsäule, sein rechter Arm und seine Hand von weiteren fünf Säbelhieben getroffen, drei Finger gebrochen, die Handgelenke durchgeschlagen ... [2]

Irgendwo weit draußen in der Dunkelheit der Schein eines Feuers. Ich packe meinen schweren Computer und den noch schwereren Koffer und schleppe beides in Richtung Licht. Sandwehen liegen im Weg. Rote Hügel, hinter denen immer neue Hügel liegen. Zehn Schritte, dann noch einmal zehn. Das Licht kommt nicht näher.

Es war im Januar des Jahres 1825, als Laing hier überfallen wurde. Aber Angst ist zeitlos. Vermutlich hat sich ein Thomas Hobbes im siebzehnten Jahrhundert ähnlich vor Einsamkeit und Nacht und Tod gefürchtet wie ich jetzt, in diesem Augenblick. »Gewisse Menschen«, so sprach er zu seinem Freund Aubrey, »scheinen von derart grausamer Natur, daß ihnen das Töten eines Menschen eine offenbar noch größere Lust bereitet, als ihnen das Töten eines Vogels überhaupt je bereiten dürfte.« [3]

Das Feuer scheint noch immer gleich weit entfernt. Ob ich, um leichter vorwärts zu kommen, Computer und Koffer abstellen soll? Nein, ich setze mich selbst in den Staub und warte auf die Morgendämmerung.

Da bringt eine Brise, ganz nah am Boden, den Duft von brennendem Holz heran. Empfindet man Gerüche in der Wüste deshalb als so streng, weil es so wenige gibt? Ist Wüstenholz irgendwie konzentrierter und deshalb geruchsintensiver, wenn es verbrennt? Wie auch immer, das Feuer, das für die Augen so weit entfernt zu sein scheint, hat unversehens meine Nase erreicht.

Ich raffe mich auf und kämpfe mich voran.

Es ist wie ein Sieg, als ich die Männer erreiche, die um das Feuer hocken.

Ich grüße sie. Stelle meine Frage. Und lasse mir erklären, daß ich genau den falschen Weg gegangen bin. Umkehren, sagen sie.

Also folge ich meinen Fußstapfen zurück zu dem Platz, an dem ich aus dem Bus gestiegen bin. Dort wende ich mich gen Süden und stolpere noch einmal in die Dunkelheit hinein.

5

»Die Angst bleibt ewig«, sagt Conrad. »Alles mag ein Mensch in seinem Inneren zerstören können, die Liebe, den Haß, den Glauben, ja sogar den Zweifel. Eines aber wird ihm bleiben, so lange er sich an das Leben klammert – die Angst.«[4]

Hobbes wäre seiner Meinung gewesen. Hier stimmen die beiden überein, über die Jahrhunderte hinweg.

Warum reise ich eigentlich so viel, obwohl mich diese Ängste plagen?

Könnte es sein, daß wir im Zustand der Angst einer höheren Erkenntnis zustreben, einer intensiveren Form des Seins?

Ich fürchte mich, also bin ich. Je mehr ich mich fürchte, desto mehr bin ich?

6

Es gibt ein einziges Hotel in In Salah, das *Tidikelt Hotel*. Groß, teuer, staatseigen. Anbieten allerdings kann man mir nichts, außer einem winzigen, dunklen, eiskalten Raum. Die Vorrichtung, die sie Heizung nennen, muß ihren Geist schon vor Urzeiten aufgegeben haben.

Man weiß, man ist wieder in der Sahara: der Geruch von scharfen Desinfektionsmitteln, das Quietschen ungeölter Türen, die halb heruntergerissenen Jalousien. Es ist wie ein Wiedersehen mit alten Bekannten: der Tisch mit seinem zu kurzen Bein und dem Sandfilm auf seiner Platte, dem Kopfkissen, der Waschschüssel. Der Wasserhahn, der gemächlich zu tröpfeln beginnt, wenn man ihn bis zum Anschlag aufgedreht hat, und der mit einem müden Seufzer aufgeben wird, kaum daß ein halbes Glas voll ist. Das Bett, das mit derart militärischer Entschlossenheit gemacht ist, daß es den Zutritt für Füße, ja selbst für Beine strengstens zu verbieten scheint, und dessen Zudecke man so weit unter die Matratze geklemmt hat, daß sie mit Mühe bis zum Bauchnabel reicht – Schutzmaßnahmen, um die Jungfräulichkeit des Lakens möglichst lange zu bewahren.

Gut, vielleicht muß man einfach reisen. Warum aber ausgerechnet hierher?

7

Das Geräusch von Keulenschlägen, die auf einen Kehlkopf donnern. Dann ein Kracksen, als zerdrücke jemand Eierschalen. Schließlich ein Gurgeln, als ringe dieser Jemand verzweifelt nach Luft.

Gegen Morgen wache ich endlich auf, noch immer in den Kleidern, in denen ich angekommen bin. Das Bett ist rot vom Sand, den ich mitgebracht habe vom Bus. Jeder Schlag zermalmt einen Kehlkopf. Der letzte wird meinen treffen.

8

Das Hotel liegt eingebettet zwischen Dünen und wanderndem Sand. Einsam neben einer öden Straße, die durch eine öde Landschaft führt. Ich gehe nach draußen und plage mich durch den tiefen

Sand. Rücksichtslos knallt die Sonne herab. Ihr Licht macht so blind wie Dunkelheit. Der Wind fühlt sich an, als würden einem winzige Splitter aus Eis ins Gesicht geschleudert.

Bis zum Postamt braucht es eine halbe Stunde, von dort nochmal soviel zur Bank und auf den Markt. Die Altstadt drängt sich zusammen, unzugänglich für Sonne, Sand und Sturm. Die Neustadt dagegen fächert sich großzügig auf, schafft es dank moderner Städteplanung, die Verlassenheit der Gegend aufzugreifen und ins Unermeßliche zu steigern.

Die rötlich-braunen Lehmfassaden im Zentrum sind geschmückt mit weißen Säulen und Portalen, Zinnen und Türmchen. Ein Stil, so sagt man, der schwarz-sudanesischen Ursprungs sei, benannt nach dem Land der Schwarzen, *»Bled es sudan«*. In Wahrheit handelt es sich um einen Phantasiestil, kreiert von den Franzosen für die Weltausstellung in Paris im Jahre 1900 und von dort in die Sahara verpflanzt. Der moderne Teil der Stadt ist von grauer internationaler Sachlichkeit.

Ein scharfer Ostwind bläst mir ins Gesicht auf meinem Weg zurück zum Hotel. Fernfahrer und Fremde, meist Deutsche, beherrschen dort die Szene. Alle sind sie entweder auf dem Weg »hinab« oder »hinauf«, als befände man sich in einem Treppenhaus. Keiner ist an etwas anderem interessiert als an Auskünften über die Straße, über Möglichkeiten zu Tanken, über notwendige Ausrüstung. Alle wollen nur eines: weiter, so schnell wie möglich.

Ich hefte die Landkarte an die Wand und betrachte die Entfernungen. 290 Kilometer bis Reggane, der nächstgelegenen Oase im Westen. 400 Kilometer bis El Goléa, der nächstgelegenen Oase im Norden, von wo ich gekommen bin. 500 Kilometer Luftlinie bis Bordj Omar Driss, der nächstgelegenen Oase im Osten. 600 Kilometer Meilen bis Tamanrasset, der nächstgelegenen Oase im Süden. 1000 Kilometer Luftlinie bis zum nächstgelegenen größeren Gewässer, dem Mittelmeer, und 1300 Kilometer Luftlinie bis zum nächstgelegenen Fluß, dem Niger. 1500 Kilometer schließlich bis zum nächstgelegenen Meer im Westen. Ostwärts ist das Meer so weit entfernt, daß es schon gleichgültig ist.

Ein tiefes Glücksgefühl durchströmt mich – wie jedesmal, wenn
ich mir hier die Entfernungen vergegenwärtige, die mich umgeben,
und mir bewußt wird, daß ich mich am Nullpunkt der Wüste
befinde. Darum ich bleibe.

9

Wenn ich doch nur den Computer zum Laufen brächte! Noch ist
unklar, ob er die Schläge und den Staub überstanden hat. Die
Disketten sind nicht größer als Postkarten. Hundert davon habe
ich mitgenommen, luftdicht verpackt. Eine komplette Bibliothek,
kaum schwerer als ein Buch. Jede Epoche der Geschichte des Völkermords ist erreichbar damit. Vom Erwachen aus der Urzeit, als
ein Thomas Jefferson es für unfaßbar hielt, daß auch nur eine einzige Spezies aus dem Kreislauf der Natur verschwinden konnte, bis
zu der Erkenntnis unserer Tage, wonach bereits 99,99 Prozent
aller Arten ausgestorben sind; die meisten davon als Opfer einiger
weniger Massenvernichtungsaktionen, die es um ein Haar geschafft
hätten, alles Leben komplett auszuradieren.[5]
    Fünf Gramm wiegt eine Diskette. Ich lege sie in das Laufwerk und
schalte ein. Der Bildschirm flackert, dann leuchtet mir in der Dunkelheit des Raumes der Satz entgegen, der mich nun schon so lange
gefangen hält.
    Das Wort »Europa« übrigens geht zurück auf ein Wort im Jüdi-
schen, das nichts anderes meint als »Dunkelheit«.[6] Solcherart »euro-
päisch« ist der Satz, der jetzt in glühenden Lettern auf dem Bildschirm
steht. Gedanklich war längst vorbereitet, was um die Jahrhundertwende (1898–1899) erst in Worte gefaßt wurde, von einem aus Polen
stammenden, französisch denkenden, englisch schreibenden Autor
namens Joseph Conrad.
    Kurtz, eine der Hauptfiguren in Joseph Conrads *Heart of Darkness*,
fügt seinem Aufsatz über die zivilisatorischen Aufgaben der Weißen
bei den »Wilden« Afrikas ein Postskriptum hinzu, in dem der wahre
Gehalt seiner überheblichen Rhetorik zum Ausdruck kommt. Es ist

der Satz, der vor mir auf dem Bildschirm steht: »Exterminate all the brutes.« – »Schlagt diese Bestien alle tot!«

10

Das lateinische *extermino* meint »Grenzüberschreitung«; *terminus* steht für »Grenze«. Daher das englische *exterminate*, das wörtlich übersetzt ein »Überschreiten der Schwelle zum Tod«, eine »Verbannung aus dem Leben« bezeichnet. Das Deutsche kennt kein direktes Äquivalent. Der Deutsche muß *ausrotten* sagen, was allerdings einen großen Unterschied macht. Im Englischen hieße das *extirpate*, vom Lateinischen *stirps* – »Wurzel, Stamm, Geschlecht, Familie«.

Das Objekt der Aktion ist im Englischen wie im Deutschen weniger eine Einzelperson als eine Spezies: Unkraut, Ratten, Völker. *Brutes* indessen weist dem Objekt einen eindeutig niedrigen und animalischen Stellenwert zu.

Seit den allerersten Kontakten wurden die Afrikaner von den Europäern wie Tiere beschrieben. Sie seien »roh und viehisch«, »brutale Tiere«, »grausamer als die Tiere, die sie jagen«.[7]

11

Vor einigen Jahren dachte ich den Ausgangspunkt für Conrads Satz bei Herbert Spencer, dem großen liberalen Philosophen, gefunden zu haben.

Dieser nämlich schreibt in seinem 1850 erschienenen Buch *Social Statistics*, der Imperialismus sei der Retter der Zivilisation, da er die Erde von den niederen Rassen gesäubert habe. »Die Kräfte, die den Entwurf vollkommener Glückseligkeit im Auge haben und die nicht zurückschrecken vor gelegentlichem Leid, werden all jene Teile der Menschheit vernichten, die ihnen bei der Erfüllung ihrer Idee im Wege stehen ... Ob Mensch, ob Tier – was als Hindernis erkannt ist, das muß weg.«[8]

Hier findet sich beides: die Redeweise von Kurtz und die Schlüsselbegriffe *exterminate* und *brute*. Außerdem wird das menschliche Wesen auf eine Ebene mit dem Tier gestellt und zur Vernichtung freigegeben.

Ich glaubte, eine Entdeckung gemacht zu haben, die zumindest eine Fußnote in der Literaturgeschichte abgeben würde. Die Worte von Kurtz, vorweggenommen in den Vernichtungsphantasien von Spencer.

Beide, so dachte ich, waren auf ihre Weise Exzentriker, im Falle von Spencer vielleicht erklärbar durch den Tod seiner sämtlichen Geschwister während seiner Kindheit. Eine allzu beruhigende und bequeme Folgerung.

12

Bald schon war mir klar, daß Spencer keineswegs allein stand mit seiner Auffassung. Seine Ansicht war gewöhnlich und wurde es in der zweiten Hälfte des 19. Jahrhunderts immer mehr. So schreibt ein Denker wie Eduard von Hartmann im zweiten Band seiner *Philosophie des Unbewußten*: »So wenig man dem Hund, dessen Schwanz abgeschnitten werden muß, einen Gefallen tut, indem man diesen Schwanz Zentimeter für Zentimeter kürzt, so wenig kann dort von Menschlichkeit die Rede sein, wo der Todeskampf einiger Wilder hinausgezögert wird, obgleich sie doch schon am Rande der Auslöschung stehen. Der wahre Menschenfreund, sofern er das Naturgesetz menschlicher Evolution verstanden hat, wird dem Wunsch nach einer Beschleunigung des letzten Kampfes nicht ausweichen, sondern mitarbeiten an dessen raschem Ende.«[9]

Es war nicht mehr als ein Gemeinplatz seiner Zeit, den Hartmann hier in Worte faßte und den Conrad in der englischen Übersetzung las. Weder Hartmann noch Spencer waren Unmenschen im eigentlichen Sinn. Unmenschlich war das Europa, in dem sie lebten.

Der Gedanke der Ausrottung liegt nicht weiter vom Herzen des Humanismus entfernt als Buchenwald von Goethes Haus.

Eine bittere Erkenntnis. Und eine, die selbst von den Deutschen verdrängt wird, die man zum alleinigen Sündenbock gemacht hat für Vernichtungsideen, die in Wahrheit ein europäisches Erbe sind.

13

Vor nicht allzu langer Zeit wurde in Deutschland noch einmal eine Schlacht geschlagen, bei der es um die jüngste Vergangenheit ging. Im Zentrum des sogenannten *Historikerstreits* stand die Frage: War die Vernichtung der Juden durch die Nationalsozialisten ein historisch einzigartiges Ereignis oder nicht?

Folgt man Ernst Nolte, so war die »sogenannte Judenvernichtung des Dritten Reiches eine Reaktion oder verzerrte Kopie und nicht ein erster Akt oder das Original«. Als »Original« und geschichtliches Vorbild, so Nolte, hätten Hitler vielmehr die sowjetischen Vernichtungsaktionen gegen die Kulaken und die Säuberungen unter Stalin während der 30er Jahre gedient.

Durchsetzen allerdings konnte sich diese These von einem ursächlichen Zusammenhang zwischen den Massakern an den Kulaken und der Vernichtung der Juden nicht. Gemeinhin scheint man doch eher der Überzeugung zu sein, daß jeder Abschnitt der Geschichte einzigartig ist und kein historisches Ereignis »nur« die Kopie eines vorausgegangenen. Vergleichen aber kann man sie – und sollte man sie. Erst dann nämlich offenbaren sich Ähnlichkeiten und Unterschiede zwischen der Judenvernichtung und anderen Massenmorden, seien es die Massaker an den Armeniern zu Beginn des 20. Jahrhunderts, seien es die Greueltaten unter Pol Pot.

Manches freilich blieb auch in dieser Debatte bislang unberücksichtigt. Der deutsche Völkermord an den Hereros in Südwestafrika zum Beispiel, zu einer Zeit, als Hitler noch ein Kind war. Ebenso die vergleichbaren Völkermorde seitens der Franzosen, Briten und Amerikaner. Und nicht zuletzt die Tatsache, daß – ebenfalls zur Zeit von Hitlers Kindheit – jene Auffassung, daß die »niederen Rassen« aus natürlichen Gründen zur Auslöschung verdammt seien, ein unangefochtener Teil europäischen Gedankenguts war. Somit taten die »höheren Rassen« nichts anderes, als den »niederen« ihren Weg zu weisen.

Alle deutschen Historiker, die sich im Verlauf des *Historikerstreites* zu Wort gemeldet haben, schauten in dieselbe Richtung – gen Osten. Keiner von ihnen sah gen Westen. Anders Hitler. Was er meinte, als er von *Lebensraum* im Osten sprach, war ein kontinentales Pendant zum British Empire. Hier, bei den Briten und anderen westlichen Völkern, fand Hitler die Modelle, von denen die Vernichtung der Juden eine – um mit Nolte zu sprechen – »verzerrte Kopie« darstellt.[10]

Ein Vorposten des Fortschritts

»Rottet die Nigger alle aus«

14

Am 22. Juni 1897, in einem Jahr also, in dem im Deutschen Kaiserreich der Begriff vom »Lebensraum« geprägt wurde, erreichte die englische Expansionspolitik ihren Höhepunkt.[11] Das größte Imperium der Weltgeschichte feierte sich selbst in beispielloser Überheblichkeit. Vertreter aller von den Briten unterworfenen Völker und Gebiete – alles in allem fast ein Viertel der Erde und ihrer Bewohner – waren nach London gekommen, um Queen Victoria aus Anlaß des 60. Jahrestages ihrer Thronbesteigung Referenz zu erweisen.[12]

Zur selben Zeit erschien die neueste Ausgabe von *Cosmopolis*, einer Zeitschrift, die sich vornehmlich an Vertreter des europäischen Bildungsbürgertums richtete, mit originalsprachlichen Beiträgen in Deutsch, Französisch und Englisch. Darin wurde Queen Victoria in eine Reihe gestellt mit Herrschern wie Darius, Alexander dem Großen und Augustus; doch keiner dieser großen Eroberer der Menschheitsgeschichte konnte auch nur annähernd eine vergleichbare Ausbreitung seines Herrschaftsgebietes aufweisen. Das Reich von Queen Victoria war um dreieinhalb Millionen Quadratkilometer und einhundertfünfzig Millionen Menschen angewachsen. Selbst China, das mit seinen vierhundert Millionen Einwohnern bislang als bevölkerungsreichstes Imperium gegolten hatte, hatte man schon eingeholt.

Es schien, als hätten die übrigen Großmächte in Europa die militärische Bedeutung des British Empire noch nicht einmal annähernd begriffen. Tatsächlich lebte in den Briten mehr Kampfgeist und militärischer Instinkt als in irgendeiner anderen Nation. Und zumindest was die Marine betraf, war das Empire nicht nur in einer überlegenen Position, sondern hatte geradezu die Hoheit über die Weltmeere erlangt.

Die Engländer selbst blieben indes erstaunlich nüchtern angesichts ihrer Erfolge. Für sie war diese Entwicklung, die ihresgleichen in der Geschichte der Menschheit suchte, schlicht ein Zeichen der Gnade und der Gunst des allmächtigen Gottes. Und folglich auch ein Zeichen seiner Gnade und Gunst gegenüber der Queen, deren Einfluß offenkundig enorm war, auch wenn es keine objektiven Maßstäbe gab, mit Hilfe derer man die sprichwörtliche Kraft ihrer Moral und ihr Charisma hätte messen und bewerten können.

»Für die Briten«, so schrieb ein zeitgenössischer Kommentator, »bedeutet die Zeremonie dieses Tages mehr als jeder andere jemals gefeierte Triumph: noch größere nationale Vitalität, noch ertragreicherer Handel, noch mehr Kultivierung von Wildnis, noch entschiedenere Unterdrückung von Barbarei, kurzum – mehr Frieden, mehr Freiheit. Was hier vonstatten geht, ist nicht Bombast, es ist Statistik...«

»Die britische Nation scheint fest entschlossen, ihre gewaltige Macht, ihre kolonisatorischen Erfolge, ihre lebendige Einheit, ihr weltweites Herrschaftsgebiet mit Stolz und mit Bedachtsamkeit zu erhalten.«

»›Nie waren wir so stark!‹, wurde gejubelt. ›Die Welt soll begreifen, daß wir kein Quentchen davon abzugeben gedenken.‹« – Selbst die deutschen und die französischen Mitarbeiter von *Cosmopolis* stimmten ein in diesen Freudenchor. Vor diesem Hintergrund mußte die am Beginn der Jubiläumsausgabe abgedruckte Erzählung von Joseph Conrad einen beispiellosen Schock hervorrufen.

15

Die Erzählung handelt von zwei Europäern, Kayerts und Carlier, beide von einem zynischen Geschäftsführer auf eine mickrige Handelsstation am großen Fluß abgeschoben. Ihr einziger Lesestoff ist eine vergilbte Zeitung, die in hochtrabenden Floskeln »unsere koloniale Expansion« zu preisen pflegt. Ähnlich der Jubiläumsausgabe von *Cosmopolis* werden die Kolonien als heiliges Werk im Dienste der Zivilisation gepriesen. Licht, Glaube und Handel, so der Artikel in hymnischem Ton, seien an die dunklen Plätze der Erde gebracht worden.

Zunächst glauben die beiden Gefährten den wohlgesetzten Worten. Nach und nach entdecken sie jedoch, daß Worte zuweilen nicht mehr sind als bloßer Schall. Ein Schall, der außerhalb der Gesellschaft, der er entspringt, jeglichen Gehaltes entbehrt.

So lange an der Straßenecke ein Schutzmann patrouilliert, so lange es in den Läden Nahrungsmittel zu kaufen gibt, so lange man der Kontrolle der Öffentlichkeit unterliegt – so lange mag der Schall von Worten auch Werte und Moral konstituieren. Gewissen setzt Gesellschaft voraus.

Für Kayerts und Carlier, die keiner gesellschaftlichen Kontrolle ausgesetzt sind, werden Sklaverei und Mord bald zum täglichen Geschäft. Als die Vorräte knapp werden, zerstreiten sie sich wegen eines Stückchen Zuckers. Kayerts flieht um sein Leben, weil er glaubt, Carlier verfolge ihn mit einer Pistole. Als die beiden unvermittelt aufeinandertreffen, schießt er in einem Akt vermeintlicher Selbstverteidigung, muß später aber erkennen, daß er in seiner Panik einen Unbewaffneten getötet hat.

Was aber macht das für einen Unterschied? Begriffe wie »Tugend« und »Verbrechen« sind nichts als bloßer Schall. Sterben nicht tagtäglich Tausende, fragt sich Kayerts, als er neben dem Leichnam seines Gefährten kniet, vielleicht sogar Hunderttausende? War da einer mehr oder weniger nicht von geringer Bedeutung – wenigstens für einen denkenden Menschen?

Mag Kayerts, wie die meisten anderen Menschen auch, bislang

durchs Leben gegangen sein im Glauben an eine Menge Unsinn. Jetzt denkt er zum ersten Mal ernsthaft nach. Im Morgengrauen zerreißt ein gellender Schrei die Nebel der Flußniederung. Der Dampfer, auf den die beiden Männer seit Monaten gewartet haben, ist zurückgekehrt. Der Direktor der großen »Gesellschaft für Zivilisation« tritt ans Ufer und findet Kayerts – am Kreuz über dem Grab seines Gefährten hängend.

Es sieht aus, als stünde er stramm, wie er dort hängt, aber noch im Tod streckt er seinem Vorgesetzten die Zunge heraus.

16

Und nicht nur seinem Vorgesetzten. Kayerts zeigt seine geschwollene schwarze Zunge jedem einzelnen der Huldigungsartikel in den Kolumnen, die von seiner Geschichte berichten, ja er zeigt sie der ganzen triumphierenden imperialistischen Ideologie.

Unschwer zu erkennen, daß Joseph Conrads *Ein Vorposten des Fortschritts* bei seiner Erstveröffentlichung in *Cosmopolis* als Kommentar zu den Feierlichkeiten zum Thronjubiläum der Queen verstanden werden sollte. Geschrieben allerdings hatte er die Geschichte bereits ein Jahr zuvor, im Juli 1896, während seiner Hochzeitsreise nach Brittany. Es war eine seiner ersten Kurzgeschichten.

Die Handlung geht auf seinen eigenen Aufenthalt im Kongo zurück. Auf einem Handelsdampfer war Conrad flußaufwärts gefahren, hatte die kleinen Versorgungsstationen gesehen und den Geschichten fremder Mitreisender zugehört. Einer von ihnen trug den Namen Keyaerts.[13]

Sechs Jahre lang also bewahrte Conrad den Stoff für diese Erzählung bei sich. Warum schrieb er sie gerade in diesem Moment? Vor dem Beginn der sogenannten »Kongo-Debatte« 1903 lagen noch sechs Jahre. Was war im Juli 1896 geschehen, das Joseph Conrad veranlaßt haben könnte, seine Flitterwochen und die Niederschrift einer Novelle, an der er gerade arbeitete, zu unterbrechen, um statt dessen eine Geschichte über den Kongo zu schreiben?

17

Ich bin umgezogen. Im eigentlich geschlossenen Badjouda Hotel, genau gegenüber dem Eingang zum Markt, habe ich ein billiges Zimmer gemietet. Zu essen gibt es in *Ben Hachem Moulay's Friend's Restaurant*. In der Abenddämmerung sitze ich unter den Bäumen an der Hauptstraße, trinke Milchkaffee und beobachte die Menschen, die vorübergehen.

Vor hundert Jahren war der Marktplatz von In Salah einer der lebendigsten Treffpunkte in der Sahara. Sklaven aus dem Süden wurden gegen Getreide, Datteln und Industrieprodukte aus dem Norden eingetauscht. Die Sklaven konnten sich im Ort frei bewegen – aus In Salah zu fliehen, bedeutete den sicheren Wüstentod. Die wenigen, die es dennoch versuchten, waren rasch wieder eingefangen und ebenso rasch bestraft. Man zerquetschte ihnen die Hoden, schnitt ihnen die Achillessehnen durch und ließ sie liegen.

Heute finden sich auf diesem einstmals berühmten Markt allenfalls etwas importiertes Gemüse, das bei seiner Ankunft bereits zu faulen beginnt, und ein paar Stangen voller minderwertiger Klamotten in gräßlichen Farbkombinationen. Die literarische Abteilung bietet jeweils den zweiten Teil einiger klassischer Meisterwerke: Don Quichote zum Beispiel, oder Madame de Staëls Buch über Deutschland. Teil I der Werke wurde vermutlich an eine andere Oase geliefert, so als wäre es nicht fair, ein und derselben Oase beide Teile eines derart begehrten Buches zu überlassen.

Das einzig wirklich interessante Angebot, das der Markt zu bieten hat, ist versteinertes Holz. Überreste von gigantischen Bäumen, abgestorben vor Millionen von Jahren, begraben vom Sand. Silikonsäure hat das Holz in Stein verwandelt, und überall dort, wo die Sanddünen weiterziehen, wird der Stein freigelegt und landet auf dem Markt.

Eigentlich ist es verboten, Stücke versteinerten Holzes mitzunehmen, sobald sie größer sind als eine geballte Faust. Aber selbst in einer geballten Faust ist Raum genug für die grünen Wälder der Sahara. Vor mir auf dem Tisch liegt mein Stück Holz, frischem täuschend ähnlich, vollgesogen mit dem Duft von feuchtem Laub und dem Rauschen der Wipfel.

18

Immer, wenn mein Vater nach Hause kam, schaute er zuerst zu meiner Großmutter hinein. Und immer fühlte sich meine Mutter dadurch verletzt und betrogen. War die Liebe zwischen Mutter und Sohn enger und wirklicher als die zwischen Mann und Frau? Vater war Großmutters Lieblingssohn. Der Sohn, den sie bei sich trug, als ihr Ehemann starb. Der Sohn, den sie als Witwe geboren hat. Und wahrscheinlich hat mein Vater, der seinen Vater nie gesehen hat, tatsächlich ihr seine ganze Liebe geschenkt.

Mutter hat das gespürt. Und ich habe das gespürt. Auch ich habe Großmutter am meisten geliebt. In der Machtlosigkeit der alten Frau erkannte ich meine Machtlosigkeit als Kind.

Großmutter roch. Ein strenger, süßlich-saurer Geruch kam aus ihrem Zimmer und ihrem Körper. Mutter mochte diesen Geruch nicht, schon gar nicht bei Tisch, und Großmutter wußte das. Sie aß in der Küche.

Wieder und wieder drang Mutter in Großmutters Zimmer ein, um gegen den Geruch zu Felde zu ziehen. Die Vergeblichkeit ihrer Mühen war klar, kam der Geruch doch von Großmutter selbst. Mutter aber förderte wieder und wieder »einen Haufen an Müll und Gerümpel« hervor, den »Großmutter um sich herum angehäuft« habe und warf ihn weg, in der Hoffnung, damit auch den Geruch endlich los zu sein.

Vater konnte Großmutter nicht davor schützen. Außerdem stimmte es ja, daß sie roch. Diese Tatsache konnte er nicht bestreiten und ebensowenig, daß Geruch normalerweise Schmutz bedeutete und man gegen Schmutz etwas zu unternehmen hatte.

Die Logik war unausweichlich. Allenfalls konnte er versuchen, die Aktionen hinauszuzögern oder zu bremsen, sobald Großmutter tränenüberströmt um Barmherzigkeit bat. Alles andere lag bei mir. Großmutter war die Näherin in unserem Haus. In einem Bündel unter ihrem Bett bewahrte sie eine ganze Sammlung von Stoffetzen und abgelegten Kleidern auf. Reste, wie sie sagte. Als kleines Kind habe ich es geliebt, mit diesen Lumpen zu spielen. Aus Vaters gestreiftem Schlafanzug habe ich ein Männchen gemacht, aus Mutters pinkfarbener Seidenbluse eine Frau, und Großmutter half mir dabei. Gemeinsam schufen wir Mensch und Tier. Nur zu gut konnte ich Großmutters Verzweiflung verstehen, wenn der »Müll« mal wieder weggeworfen werden sollte. Mutters Versuche, den Raum sauber zu halten, waren in meinen Augen Gewalttaten von jener Art, der ich mich selber auch ausgesetzt sah. Also wühlte ich im Abfalleimer nach Großmutters Sachen und versteckte, was ich retten konnte, zwischen meinen eigenen – so lange, bis die Gefahr fürs erste vorüber war.

Auf diese Weise habe ich auch ein vergilbtes Buch gerettet mit dem Titel *Im Schatten der Palmen*.

19

Im Haus meiner Kindheit waren die Bücher so angeordnet, daß die ungebundenen Exemplare links im Bücherregal standen, die broschierten in der Mitte und die leinengebundenen ganz rechts außen.

Die Ordnung war mit Bedacht und einem Blick auf die Gesellschaft so gewählt. Wobei zur »Gesellschaft« jeder gehörte, der kein Mitglied der Familie war. Wenn also jemand aus der »Gesellschaft« an der Eingangstür stand, konnte er von dort aus einen schmalen Streifen des Bücherregals sehen und mochte denken, daß alle Bücher leinengebunden seien, mit Goldprägung auf dem Rücken. Sofern die Gesellschaft die Wohnung betrat, mochte sie meinen, es seien letztlich alle Bücher gebunden. Nur jene unserer Gäste aber, die den Raum tatsächlich ganz betraten, konnten auch die ungebundenen Exemplare auf der linken, äußeren Flanke sehen.

Unter den leinengebundenen Büchern war auch eines mit dem Titel *Drei Jahre im Kongo*, erschienen im Jahre 1887. Drei schwedische Offiziere beschreiben darin ihre Erfahrungen im Dienste König Leopolds.

Von einem erfahrenen Afrikareisenden hatte Leutnant Pagels den Rat erhalten, die *chicotte* zu seiner besten Freundin zu ernennen – eine Peitsche aus ungegerbter Flußpferdhaut, »die mit jedem Schlag blutige Striemen hinterläßt«.

Für europäische Ohren, so Pagels, möge das grausam klingen, doch habe er die Erfahrung gemacht, daß der Rat ein guter gewesen sei. Noch wichtiger allerdings sei es, bei der Auspeitschung kühl und emotionslos zu erscheinen: »Sollten Sie in die Situation geraten, eine körperliche Strafe gegen einen Wilden verhängen zu müssen, so vollstrecken Sie diese Strafe, ohne daß auch nur ein einziger Muskel in Ihrem Gesicht etwas von Ihren Gefühlen verrät.«

Leutnant Gleerup beschreibt, wie er seine Träger ausgepeitscht habe, bis er eines Tages von einer Fieberattacke ergriffen und von den eben noch Ausgepeitschten hingebungsvoll versorgt worden sei. Mit ihren eigenen weißen Kleidern, so Gleerup, deckten sie ihn zu, kümmerten sich um ihn, als sei er ein Kind, legten seinen Kopf in ihren Schoß, rannten den steilen Abhang zum Fluß hinab, um ihm frisches Wasser zu holen, so daß er sich schnell erholte und aufs Neue imstande war, gegen sie die Peitsche zu schwingen.

Allerdings verhielten sich nur einzelne Schwarze so. Für die »Wilden im allgemeinen« treffe genau das Gegenteil zu. Vergeblich, so Pagels, habe er versucht, auch nur eine einzige gute Eigenschaft bei den Wilden zu entdecken. »Und wenn ich an der Schwelle zum Tode stünde und ein Glas Wasser alles wäre, was es bräuchte, mein Leben zu retten: kein Wilder würde mir dieses Wasser bringen, sofern ich nicht in der Lage wäre, ihn für seine Mühen zu bezahlen.«

Moral, Liebe, Freundschaft – allesamt Dinge, an denen es den Wilden mangele. Das einzige, was ein Wilder respektiere, sei Strenge und Brutalität. Freundlichkeit sei Dummheit in seinen Augen, weshalb man jedes Zeichen in diese Richtung tunlichst unterlassen solle.

Es sei eine gewaltige Aufgabe, die der junge Staat Kongo noch zu bewältigen habe, bis alle zivilisatorischen Bemühungen von einem Sieg gekrönt sein würden, schreibt Pagels, um im selben Atemzug Gott den Allmächtigen um eine Segnung des noblen und aufopferungsvollen Freundes der Menschheit, den allerdurchlauchtesten Prinz, seine Majestät Leopold II., Herrscher über den Kongo und Führer all dieser Bestrebungen, zu erbitten ...

Am 30. September 1886 wurden die Berichte der drei Offiziere der schwedischen »Anthropologischen und Geographischen Gesellschaft« vorgelegt, in der Banketthalle des Grand Hotels, in Gegenwart des Königs, des Kronprinzen und der Großherzöge von Gotland, Vestergötland und Nerike.

Nicht einer erhob auch nur einen geringfügigen Einwand. Im Gegenteil. Der Vorsitzende der Gesellschaft, Professor Baron von Düben, konstatierte: »Mit Stolz nehmen wir zur Kenntnis, wie diese Gentlemen als Reisende im Kongo, ungeachtet aller Mühen, Kämpfe und Entbehrungen in diesem unwirtlichen Land, den Namen und die Ehre Schwedens hochgehalten haben.«

Solcherart war die Wahrheit in dem leinengebundenen Buch, das stellvertretend war für diesen edleren Teil des Bücherregals. Unter den ungebundenen Büchern in der Ecke jedoch gab es noch eine andere Wahrheit – eine, die nach Großmutter roch.

20

Bis ins Jahr 1966 war es schwedischen Eltern erlaubt, ihre Kinder zu schlagen. Und unangefochten gilt dieses Recht in vielen europäischen Ländern nach wie vor. In Frankreich kann man noch heute eine Lederpeitsche kaufen, bestimmt für die Züchtigung von Frau und Kind; die Franzosen nennen sie *martinet*, bei den Schweden heißt sie »die neunschwänzige Katze«.

In meinem Elternhaus wurde die Rute benutzt. Bei gegebenem Anlaß nahm meine Mutter mich bei der Hand und ging mit mir in den Wald, um Weiden zu schneiden. Ihr Gesicht entsprach Pagels

Forderung: Nicht ein Muskel gab etwas von ihren Gefühlen preis. Ich vermied jeden Blickkontakt und starrte statt dessen auf meine schwarzen Stiefel hinab. Wir gingen zum alten Sportplatz unten am Waldrand, wo viele junge Weidenbüsche wuchsen. Mutter schnitt eine Rute nach der anderen ab und testete sie mit zischenden Hieben kreuz und quer durch die Luft. Dann übergab sie sie mir. Ich trug sie nach Hause und hatte nur einen Gedanken dabei: Hoffentlich sieht uns jetzt niemand.

Die Scham war die schlimmste Strafe.

Und das Warten.

Der ganze Tag verging im Warten auf Vater. Noch wußte er nichts. Ich sah es auf seinem Gesicht, das war wie immer. Er war soeben im Begriff, zu Großmutter hineinzugehen, als Mutter ihn aufhielt und ihm erzählte, was sich zugetragen hatte.

Ich wurde zu Bett geschickt. Dort lag ich, wartend, während sie draußen miteinander sprachen.

Natürlich wußte ich, worum es dabei ging.

Dann kamen sie in mein Zimmer, die Gesichter kalt, leer, feindlich.

Mutter hielt die Weidenrute. Vater fragte mich, ob es wahr sei: Hatte ich mich auf der Weihnachtsparty wirklich so schlecht benommen? Hatte ich wirklich geflucht und Gott gelästert, seinen Namen beschmutzt?

»Ja«, hauchte ich.

In meinem Innersten sah ich noch einmal die entsetzte Bewunderung der Mädchen, fühlte noch einmal, wie toll ich mir auf der Party vorgekommen war, umgeben von Bewunderern, prahlend mit all diesen verbotenen Worten, die jetzt wie ein Echo in mir hallten, während Vater nach der Rute griff und mich zu prügeln begann. »Verdammter Pißgott, verdammter Scheißgott, verdammte blöde Fotze ... verdammt, verdammt, verdammt ...«

Anders als Mutter hatte Vater keine Zeit gehabt, sich darauf vorzubereiten. Er startete gleichsam bei Null, und sein Widerstreben gegen das, was Pagels »körperliche Züchtigung« nannte, schien förmlich spürbar zu sein.

Ich konnte sein Gesicht nicht sehen, während er mich schlug, ebensowenig wie er meines. Jedoch die Art, wie er atmete, sagte mir, daß etwas geschah mit ihm, während er die Schwelle zur Gewalt überschritt.

Ich stellte mir vor, wie er sich dafür schämte, mich so zu schlagen, und wie die Scham sich in Wut verwandelte, was ihn noch härter zuschlagen ließ, als er eigentlich wollte. Vielleicht projizierte ich aber auch nur meine eigene Scham auf sein Handeln.

Immerhin hatte ich begriffen, daß Menschen von einer Art Wahn erfaßt werden, sobald sie Gewalt anwenden. Die Gewalt packt sie, reißt sie mit sich, verändert, ja entstellt sie – auch noch im nachhinein, wenn alles vorüber ist. Entstellt sie bis zur Unkenntlichkeit.

21

Im Schatten der Palmen heißt das Buch in der linken Regalhälfte, das ich vor der Vernichtung gerettet habe. Es erschien im Jahre 1907. Sein Verfasser, Edward Wilhelm Sjöblom, war Missionar. Er erreichte den Kongo am 31. Juli 1892. Am 20. August desselben Jahres sah er die erste Leiche.

In seinem Tagebuch folgen wir ihm auf seiner Reise flußaufwärts mit dem Dampfer, auf der Suche nach einer geeigneten Stelle für seine Missionsstation. Gleich zu Beginn des ersten Tages an Bord wird er Zeuge einer Züchtigung mit jener Peitsche aus Flußpferdhaut, die Leutnant Pagels empfohlen hatte. Die Weißen an Bord sind sich einig: »Allein die Peitsche vermag die Schwarzen zu zivilisieren.«

Unweit einer katholischen Missionsstation hatte man während eines Kampfes zwischen der staatlichen Obrigkeit und den Eingeborenen dreihundert Jungen gefangengenommen, die den Behörden übergeben werden sollten. Man wollte Soldaten aus ihnen machen.

Während eines kurzen Aufenthalts wird einer der Jungen herausgegriffen und an die Maschinen des Dampfers gebunden, wo sie am heißesten sind. Sjöblohm schreibt:

»Mehrmals zeigte der Kapitän dem Jungen die *chicotte*, ließ ihn
jedoch den ganz Tag lang warten, bis er sie ihn auch spüren ließ.
Dann endlich war der Augenblick des Leidens da. Ich versuchte
die Schläge zu zählen. Es müssen an die sechzig gewesen sein –
ohne die Hiebe auf seinen Kopf und seinen Po.

Mit zufriedenem Lächeln sah der Kapitän, wie sich die dünne
Kleidung des Jungen mit Blut vollsog. Der Ausgepeitschte lag auf
Deck, wand sich in seinen Qualen wie ein Wurm und erhielt
jedes Mal, wenn der Kapitän oder einer der Kaufleute an ihm
vorüberging, noch einen Tritt. Ich selbst mußte untätig und still
daneben stehen.

Während des Abendessens tauschten sie sich über ihre Heldentaten bei der ›Bestrafung‹ von Schwarzen aus. Sie erinnerten
sich an einen ihrer Leute, der drei seiner Männer derart gnadenlos zugerichtet hatte, daß sie einer nach dem anderen starben.
Dergleichen sei in Ordnung, meinten sie. Schließlich sei ›der
Beste von ihnen gerade gut genug, wie ein Schwein zu sterben‹.«

22

Großmutter hat das Buch nie zurück erhalten. Ich behielt es, wo es
war, hütete es in der Ecke der Bibliothek, in der die ungebundenen
Bücher standen.

23

Wie hätte wohl Pagel reagiert, wäre er noch einmal wiedergekom-
men und hätte mitangesehen, was Sjöblohm sah?

Das Tagebuch von E. J. Glave mag darauf eine Antwort geben.[14]
Darin spricht kein frommer Missionar. Es spricht einer, der von
Anfang an keine Zweifel an seiner Überzeugung läßt: Eingeborene
müßten »mit äußerster Härte« behandelt und ihre Dörfer angegriffen werden, »sobald sie sich weigern, zum Wohle des Landes zu
arbeiten«.

»Sie zum Arbeiten zu zwingen ist kein Verbrechen, sondern ein

Entgegenkommen. (...) Gewiß, die Maßnahmen, die wir hierfür ergreifen, sind hart. Mit Schmeicheleien jedoch kommt man bei einem Eingeborenen nicht weit. Was er braucht, ist die Kandarre.« Soweit Glaves Standpunkt zu Beginn seines Tagebuchs. Er kennt den Kongo, war einer der ältesten und ersten, die unter Stanley dort gedient hatten. Als er jedoch im Januar 1895 noch einmal dorthin zurückkehrt, wird er mit einer Brutalität konfrontiert, die seine Überzeugungen ins Wanken bringt.

Was seine Loyalität erschüttert, sind Szenen von der Art, wie auch Sjöblohm sie überliefert hat:

>»Die *chicotte* aus roher, getrockneter Flußpferdhaut, neu und gezwirbelt wie ein Korkenzieher, mit Kanten scharf wie ein Messer, ist eine furchtbare Waffe. Schon die ersten Schläge treiben das Blut hervor. Im Grunde darf man nicht mehr als fünfundzwanzig Hiebe damit geben, es sei denn, das Vergehen war wirklich ernst.

So reden wir uns denn ein, die Haut der Afrikaner sei besonders zäh, denn wie anders als mit einer außergewöhnlichen Beschaffenheit wäre eine Bestrafung mit hundert Hieben durchzustehen? Gewöhnlich verfällt der Gepeitschte nach fünfundzwanzig bis dreißig Hieben in einen Zustand absoluter Unempfindlichkeit. Beim ersten Schlag schreit er furchtbar, danach wird er ruhiger, verstummt, ist nurmehr ein stöhnender, bebender Klumpen Fleisch, bis endlich alles vorüber ist.

Und als wäre es noch nicht schlimm genug, daß erwachsene Männer auf diese Weise gezüchtigt werden, tut man dasselbe auch Frauen und Kindern an. Vor allem Jungen von zehn, zwölf Jahren werden von reizbaren, hitzigen Gebietern oft noch grauenvoller zugerichtet. (...)

Dabei halte ich für ausgemacht, daß ein Mann, der hundert Hiebe erhält, an der Schwelle zum Tode steht und, sollte er überleben, seelisch für sein ganzes Leben gezeichnet ist.«

24

Erfahrungen wie diese bildeten den entscheidenden Wendepunkt für Glave ebenso wie für Sjöblom, der sich im Verlauf seines Tagebuchs ebenfalls immer kritischer äußert. Anfang März 1895 erreicht Glave den Äquator und besucht die Station, in der Sjöblom als Missionar arbeitet – und die die beiden zusammen aufgebaut hatten.

»Damals«, so schreibt Glave, »wurden die Eingeborenen mit Respekt behandelt. Nun aber hat man Expeditionen in alle Richtungen geschickt, um die Schwarzen zu zwingen, Kautschuk zu sammeln und im Lager abzuliefern. Der Staat zeigt seine teuflische Fratze, verzerrt von der Gier nach Profit. Keine Gegend entlang des Äquators, in der nicht Krieg herrschte. Tausende mußten ihr Leben lassen, unzählige Hütten und Heimstätten wurden zerstört. Dergleichen gab es nicht, bevor die Weißen hier die Herrschaft an sich rissen. Dieser ganze ungezügelte Kommerz entvölkert das Land.«

Wie Sjöblom war auch Glave mit einem Schiff voller eingeborener Kinder gereist, die man gefangen genommen hatte, um sie bei der Militärbehörde abzuliefern:

»Verließen den Äquator gegen elf Uhr heute morgen, nachdem eine Ladung von etwa hundert Kindern an Bord gebracht worden war. Schmächtige Sklaven, keiner älter als sieben oder acht Jahre, meist männlichen Geschlechts. Dazwischen aber auch einige Mädchen. Man hat sie den Eingeborenen regelrecht geraubt.

Sie sprechen von Menschenfreundlichkeit und Zivilisation! Aber wo die sein sollen, das weiß ich nicht.

Viele dieser sogenannten *libérés*, die man den Fluß herab bringt, sterben. Kein Wunder: Ohne Kleidung für die Regenzeit, ohne Schutz für die kärglichen Schlafstätten, ohne Rücksicht auf die, die von Krankheiten befallen sind.

Auch die hundert jungen Geschöpfe hier an Bord werden krank unter der Obhut dieses Staates. Die meisten von ihnen sind nackt, haben noch nicht einmal eine Decke für die Nacht. Ihr einziges Vergehen ist, daß ihre Brüder und ihre Stämme für ein letztes bißchen Unabhängigkeit gekämpft haben.«

Allerdings scheint sich Glave, nachdem er seine Reise abgeschlossen hat und sich wieder in Gesellschaft von Belgiern und seinen Landsleuten befindet, der vorherrschenden Meinung zu beugen. Seine Kritik war nicht auf offene Ohren gestoßen. Entsprechend vorsichtig formuliert er:

»Wir sollten den noch jungen Freistaat Kongo nicht voreilig und allzu harsch verurteilen. Man hat einen Staat gegründet, eine Verwaltung eingerichtet und, was die Behandlung der Eingeborenen betrifft, die Araber übertroffen. Gewiß, was die wirtschaftlichen Aktivitäten angeht, wäre etwas mehr Zurückhaltung wohl angebracht«.

Ähnlich lautet auch das abschließende Urteil von Kurtz in Joseph Conrads Novelle *Herz der Finsternis*: Die Gepflogenheiten des Handels, ja, die zeigten Spuren von Unredlichkeit und sollten geändert werden.

25

Sjöblom kommt im Verlauf seiner Tätigkeit als Missionar in einen deutlich engeren Kontakt mit den Eingeborenen als seinerzeit Glave. Tag für Tag notiert er Beispiele grauenvoller Hinrichtungen.

Am 1. Februar 1895 stört ein Soldat seine Predigt, greift sich einen alten Mann aus der Schar der Zuhörenden und wirft ihm vor, nicht genügend Kautschuk gesammelt zu haben. Sjöblohm bittet den Soldat zu warten, bis der Gottesdienst vorüber ist. Doch der schert sich nicht darum, zerrt den alten Mann nur ein paar Schritte beiseite, hält ihm den Lauf seines Gewehres an die Schläfe, schießt und fordert einen Jungen von etwa neun Jahren auf, dem Leichnam die Hand abzuschneiden, um sie anderntags zusammen mit weiteren, auf dieselbe Weise erbeuteten Händen dem Kommandanten zu überbringen – als Zeichen des Sieges der Zivilisation.

»Oh, wenn die zivilisierte Welt doch davon wüßte, wie hier hunderte, ja tausende Menschen ermordet, Dörfer zerstört werden und die Überlebenden unter den Eingeborenen ihr Dasein in unvorstellbarer erniedrigender Sklaverei fristen müssen.«

26

Im Jahre 1887 kam der schottische Chirurg J. B. Dunlop auf die Idee, für das Fahrrad seines Sohnes einen aufblasbaren Schlauch zu verwenden. 1888 wurde der Fahrradreifen patentiert, was binnen kurzem zu einem sprunghaften Anstieg der Gumminachfrage geführt hat. Darin liegt zugleich eine Erklärung für die wachsende Brutalität des Regimes im Kongo, wie Sjöblom und Glave sie in ihren Tagebüchern beschrieben haben.

Am 29. September 1891 unterzeichnet der belgische König Leopold II. ein Dekret, das den Repräsentanten im Kongo das Monopol für den »Handel« mit Kautschuk und Elfenbein zubilligt. Zugleich wurde die indigene Bevölkerung verpflichtet, Kautschuk und Arbeit zu »liefern«, was im Klartext bedeutete, daß ein Handel gar nicht erst notwendig war.[15]

Die Vertreter König Leopolds II. beanspruchten schlichtweg alles – und zwar ohne Bezahlung: Arbeit, Kautschuk, Elfenbein. Diejenigen unter den Eingeborenen, die es wagten, sich zu widersetzen, mußten aus ihren Dörfern fliehen, mit ansehen, wie ihre Kinder ermordet wurden oder bekamen die Hände abgehackt. Diese Methoden führten zu einem explosionsartigen Anstieg der Profite. Profite, die unter anderem dafür verwendet wurden, Bauwerke zu errichten, von denen einige noch heute eine Stadt wie Brüssel verunstalten: die Arcades du Cinquantenaire, das Palais de Laeken, das Château d'Ardennes. Nur wenige wissen heute noch, wieviele abgehackte Hände diese Bauwerke gekostet haben.

Aber selbst in der Mitte der neunziger Jahre des vorigen Jahrhunderts war dies eher ein dunkles Geheimnis im Umfeld der Gummiproduktion. Glave hätte es lüften können, aber er starb 1895 in Matadi. Und außer ihm wußten allenfalls noch Sjöblom und einige seiner Kollegen, was im Kongo vor sich ging. Entschlossen, aber vergebens widersetzten sie sich dem Terror, reichten Berichte über Entgleisungen bei offiziellen Stellen und höheren Instanzen ein, wandten sich schließlich an die Weltöffentlichkeit.

Sjöblohm schrieb energische und doch sachliche Artikel im *Wekkoposten*, dem Blatt der schwedischen Baptisten, verfaßte Berichte auf englisch und sandte sie an die *Congo Balolo Mission* in London.[16]

Die vorerst einzige Resonanz war ein kurzer, unscheinbarer Kommentar im *Regions Beyond*, dem Monatsmagazin der Missionsgesellschaft:»Großer Aufruhr unter den Eingeborenen. Wegen der Zwangsabgaben von Rohkautschuk soll es in einigen Distrikten zu Massenhinrichtungen gekommen sein. Der Freistaat wurde um eine offizielle Stellungnahme gebeten. Wir aber wollen mehr als nur Aufklärung: wir fordern Abhilfe und Wiedergutmachung. Die Frage freilich ist, wie das durchgesetzt werden kann, ohne die Berichte öffentlich zu machen.«[17]

27

Als ehemaliger Kabinettssekretär und Mitglied der »Gesellschaft zum Schutze der Ureinwohner« verstand es Charles Dilke, zwischen den Zeilen zu lesen. Unter ausdrücklichem Hinweis auf den kurzen Bericht im *Regions Beyond* nahm er sich der Situation im Kongo an und schrieb einen scharfen Artikel unter der Überschrift »Zivilisation in Afrika«.[18]

Das war ein erstes Zeichen, daß verantwortliche Kreise in Großbritannien auf die Berichte der Missionare aufmerksam geworden waren. Dilkes Veröffentlichung in der eben erst gegründeten Zeitschrift *Cosmopolis* erreichte Leser in ganz Europa. Die betreffende Ausgabe erschien im Juli 1896, dem selben Monat, in dem Joseph

Conrad seine Novelle *Ein Vorposten des Fortschritts* schrieb und an *Cosmopolis* schickte.

Zehn Jahre, so Dilke, seien seit der Berliner Vertragsunterzeichnung zur Gründung des Freistaates Kongo vergangen. Die hochtrabenden Verlautbarungen von Berlin und Brüssel manifestierten sich vor Ort in »gestohlenem Elfenbein, brennenden Dörfern, Auspeitschungen und Erschießungen, die in Afrika offenbar mittlerweile auf der Tagesordnung stehen«.

In Conrads Erzählung sind es die Behauptungen in dem vergilbten Zeitungsexemplar, die Elfenbeindiebstahl, Sklavenhandel und Mord rechtfertigen oder zumindest dafür den Weg ebnen. Die alten Herrschaftsformen, so Dilke, seien zusammengebrochen, und keine neuen entstanden. Da weite Gegenden von Afrika für Europäer äußerst öde, das Klima so anstrengend und die Einsamkeit so groß seien, sei wenig Gutes zu erwarten von einer Regierung, die von Europäern geführt werde.

Auch in Conrads Novelle sind es die Entfernung zur Heimat, das Klima und die Einsamkeit, die die beiden Europäer so gnadenlos zermürben. Vor allem die Einsamkeit, die eine innere Unbeherrschtheit zur Folge habe. Die beiden, so der Erzähler, hätten etwas »verloren, was ihre Herzen bislang vor einer Verwilderung bewahrte«. Wie bitte? Ja, doch: »Bilder der Heimat, die Erinnerung an ihresgleichen, an Menschen, die dachten und fühlten, wie sie dachten und fühlten. Das alles war in eine unerreichbare Ferne gerückt, und nur mehr schemenhaft wahrzunehmen unter dem täglichen, wolkenlos grellen Sonnenschein.«

Die Einsamkeit also sei es, die die Gesellschaft von innen zerstöre und nichts zurücklasse außer Angst, Mißgunst und Gewalt.

Von den Steuern könnten in Afrika kaum Verwaltungen von der Qualität wie jene in Indien bezahlt werden. Sogar demokratische Regierungen gaben zuweilen einen Teil ihrer Verantwortung an ausgewiesene Abenteurer ab. Noch schlimmer sei es, daß die »Niger Company« und der Freistaat Kongo nahezu unbeobachtet und unkontrolliert über eine immens große Bevölkerung und unüberschaubar ausgedehnte Territorien herrschen könnten.

Conrads Schurken gelangten durch Sklavenhandel an ihr Elfenbein. »Wer wird etwas erzählen können, solange wir selbst unsere Zunge im Zaum zu halten verstehen? Niemand außer uns ist hier.« Eben, meldet sich da der Erzähler, das genau sei das Problem. »Niemand war zugegen, der als Zeuge hätte herhalten können.« Also konnten die Männer alles machen.

Dilkes Artikel erinnerte seine Leser daran, wozu der Mensch in vergleichbaren Situationen bereits imstande gewesen war. Er verweist auf die Ausrottung der Ureinwohner der Vereinigten Staaten von Amerika, der Hottentotten in Südafrika, der Bewohner der Südseeinseln und der Aborigines in Australien.

Ein ähnlicher Vernichtungsfeldzug gehe im Kongo vonstatten. Eine These, die sich auch in Conrads Novelle wiederfindet. Dort ist es Carlier, der von der Notwendigkeit der »Ausrottung aller Nigger« spricht, damit das Land endlich bewohnbar werde.

Dilkes Artikel gleicht einem Entwurf für Conrads Geschichte, die auf ihre Weise wiederum ein Entwurf für das *Herz der Finsternis* ist, das zwei Jahre später erscheinen sollte.

Und Carliers Rede von einer »Ausrottung aller Nigger« ist letztlich der Ausgangspunkt für Kurtz' Aufforderung: »Schlagt diese Bestien alle tot!«

28

Obwohl schwer krank, war Sjöblom im Mai 1897 nach London gereist, um dort an einem Treffen der besagten »Gesellschaft zum Schutze der Ureinwohner« teilzunehmen, organisiert und geleitet von Dilke.

Sjöblom beeindruckte durch seinen gravitätisch-nüchternen, sachlich-detaillierten Vortragsstil; seine geradezu pedantischen Berichte über das Massaker im Kongo sorgten für Aufsehen.

Die Debatte in der Presse, die er mit seinem Vortrag ausgelöst hatte, veranlaßte König Leopold II. schließlich zu einer persönlichen Intervention. Im Juni und Juli desselben Jahres fanden Treffen in London und Stockholm mit Queen Victoria und König Oscar II. statt, bei denen er Sjöbloms Anschuldigungen als haltlos und unbegründet zurückzuwies. Die schwedischen Zeitungen reagierten mit langen, kritischen Artikeln über den Kongo. Größerer Erfolg hingegen war dem belgischen König in London beschieden, wo man inmitten der Vorbereitungen zum Thronjubiläum stand. Queen Victoria hatte anderes im Sinn, als sich mit ein paar Körben voller abgehackter Hände irgendwo im Kongo zu beschäftigen.

Überhaupt verspürten die Großmächte wenig Lust, sich in den Völkermord König Leopolds von Belgien einzumischen; dafür hatten sie selbst zu viele Leichen im Keller. Großbritannien entschied sich erst zehn Jahre später zu einem Einschreiten, zu einem Zeitpunkt, als der Druck durch eine Bewegung namens »Congo Reform Movement« zu groß geworden war, als daß die Regierung noch länger die Augen hätte verschließen können.

Weder die Tagebücher von Glave, die im September 1897 in ihrer ganzen Abscheulichkeit in *The Century Magazine* zu lesen waren, noch die Tatsache, daß Sjöblom sich des Themas unermüdlich, in immer neuen Artikeln annahm, änderten daran etwas. Die Kongo-Debatte, die im Mai 1897 aufgeflammt war, erlosch noch im selben Jahr wieder. Das Thronjubiläum der Queen drängte sie in vollkommene Vergessenheit.

1898 konnte sich der Kongo sogar einer äußerst vorteilhaften Berichterstattung erfreuen. Man hatte eine Eisenbahnstrecke zwischen Matadi und Leopoldville eröffnet, was Anlaß gab zu ausführlichen Artikeln, vor allem in illustrierten Magazinen. Artikel, die nicht ein Wort verloren über die Menschenleben, die der Bau dieser Eisenbahnstrecke gekostet hatte.

29

Das war die Situation, als die »Royal Statistic Society« für den 13. Dezember 1898 zu ihrem Jahrestreffen einlud und einen Vortrag ihres Vorsitzenden Leonard Courtney unter dem Titel: »Ein Experiment wirtschaftlicher Expansion«[19] ankündigte.

Die Großmächte hatten König Leopold II. – als Privatperson – zum Herrscher über ein Gebiet ernannt, das alles in allem die Größe Europas hatte und in dem, je nach Schätzung, zwischen elf und achtundzwanzig Millionen Eingeborene lebten. Das war das Experiment.

Auf der Grundlage belgischer Dokumente führte Courtney vor Augen, wie im Kongo hoheitliche Verwaltung und wirtschaftliche Ausbeutung miteinander verwoben waren. Zugleich beschrieb er anhand der Tagebücher von Glave die Gewalttätigkeit, die einen Wesenszug dieses Systems ausmachte.

Über Stanley Falls, die »innere Station« in Conrads *Herz der Finsternis*, hatte Glave geschrieben:

»Im Dienste des Staatswohls sind die Araber gezwungen, Elfenbein und Kautschuk heranzuschaffen, wobei vollkommen gleichgültig ist, wie sie ihr Pensum erfüllen. Die Methoden sind dieselben wie zu der Zeit, als Tippu Tip noch Befehlshaber war. Man überfällt und plündert Dörfer, nimmt Sklaven und läßt sie gegen Abgabe von Elfenbein wieder frei.

Von staatlicher Seite tut man nichts gegen die Sklaverei, unterstützt vielmehr die Monopolbildung, indem man die arabische und wangwanische Konkurrenz vertreibt.

Die Soldaten sind Diebe, und nicht selten rächen sich die Drangsalierten, indem sie ihre Peiniger töten und essen. Erst kürzlich verlor die staatliche Postverwaltung nahe Lomani zwei ihrer Männer, die von Eingeborenen ermordet und verspeist wurden.

Zur Vergeltung schickte man Araber los, um die Eingeborenen zu bestrafen. Unzählige Frauen und Kinder wurden geraubt, außerdem einundzwanzig Köpfe nach Stanley Falls gebracht, wo Kapitän Rom sie als Einfriedung eines Blumenbeetes vor seinem Haus aufstellte.«

Einem Bericht des *Saturday Review* zufolge referierte Courtney in seinem Vortrag diese Passage aus den Tagebüchern Glaves:

»Die Belgier ersetzten die Sklaverei, die sie vorfanden, durch ein System der Peinigung, das kaum weniger abstoßend ist. Und jeder Engländer tut gut daran, sich bewußt zu machen, zu welchen Barbareien einzelne Belgier offenbar in der Lage sind. Mr. Courtney wußte unter anderem von einem gewissen Kapitän Rom zu berichten, der seine Blumenbeete mit Köpfen ermordeter und enthaupteter Eingeborener zu schmücken pflegte. Solcherart scheint die belgische Vorstellung davon zu sein, wie man im Kongo möglichst zügig und effektiv die Zivilisation einführen könne.«

Mag sein, daß Conrad das Tagebuch von Glave bereits gelesen hatte, als es im September 1897 veröffentlicht wurde. In dem Fall wäre er daran erinnert worden. Vielleicht wurde er aber durch den Bericht zum ersten Mal mit den Schilderungen aus Glaves Tagebüchern konfrontiert. Wir wissen es nicht. Sicher ist, daß er Samstag, den 17. Oktober 1898, in der von ihm bevorzugt gelesenen Wochenzeitung *Saturday Review* erfahren konnte, wie Kapitän Rom seinen Garten im Kongo geschmückt hatte.

Tags darauf, am Sonntag, den 18. Dezember, begann er mit der Niederschrift jener Novelle, in der Marlow das Fernglas auf das Haus von Kurtz richtet, um dort diese Köpfe zu entdecken, schwarz, vertrocknet, eingesunken, die Augen geschlossen, als das grausam sichtbare Motto ihres Besitzers: »Schlagt diese Bestien alle tot!«

Nach Ksar Marabtine

Eigentlich heißt In Salah »Ain Salah«, was »salzige Quelle« bedeutet oder wörtlich: »salziges Auge« – denn die Quelle gilt als das Auge der Wüste.

Tatsächlich schmeckt das Wasser, das man heute aus großen Tiefen holt, nach Salz. 2,5 Gramm enthält im Durchschnitt ein Liter der leicht getrübten Flüssigkeit.

Laut Statistik fallen vierzehn Millimeter Regen pro Quadratmeter und Jahr. In Wirklichkeit regnet es alle fünf bis zehn Jahre einmal. Dafür gibt es Sandstürme, vor allem im Frühjahr und an durchschnittlich fünfundfünfzig Tagen im Jahr.

Die Sommer sind heiß. 56° Celsius im Schatten sind nichts Ungewöhnliches. Die Winter sind geprägt vom scharfen Gegensatz zwischen Sonne und Schatten. Ein Stein im Schatten ist zu kalt, um darauf zu sitzen, ein Stein in der Sonne zu heiß.

Das Licht ist gleißend hell. Ich hole Luft und halte meine Hand vor's Gesicht, bevor ich von einem Schattenstreifen zum anderen husche.

Die angenehmsten Stunden sind jene kurz vor und kurz nach Sonnenuntergang. Die Sonne sticht nicht mehr in den Augen, eine angenehme Wärme aber hält sich noch im Körper, in den Gegenständen, in der Luft.

31

In Salah ist einer der wenigen afrikanischen Orte, an denen man eine *foggara*[20] findet. Der Begriff, der angeblich von den arabischen Wörtern für »graben« und »arm« abstammt, steht für jene Art unterirdischer Wasserleitungen, die man im Persischen »Kanats« nennt. Arabischen Geschichtsschreibern zufolge brachte ein gewisser El Mousou die *foggara* im Laufe des elften Jahrhunderts nach Nordafrika. Seine Nachkommen leben in El Mousour in Tonat, nennen sich selbst Basmaka und gelten als Spezialisten für den Bau einer *foggara*.

Die *foggara* der Sahara ist in der Regel zwischen sechs und neun Kilometern lag. Zusammengerechnet gab es fast 3.000 Kilometer davon in der Sahara, die Gänge zwischen dreieinhalb und fünf Metern hoch, so daß ein Erwachsener problemlos aufrecht darin gehen konnte. Die Brunnen waren bis zu dreißig Meter tief, ausgeschachtet meist von Sklaven. Wo die Sklaverei offiziell abgeschafft war, lebte sie in den Tunneln unter anderem Namen fort.

Der Bau der *foggara* ist eine Art der Minenarbeit, nur daß es um Wasseradern anstelle von Erzadern geht. Mit kleinen, kurzstieligen Pickeln gräbt man sich vorwärts. Der Eingang des Schachts mißt etwa drei Quadratmeter und verengt sich in den Tiefen der Sandsteinschicht auf zwei – gerade noch genug, um mit dem Pickel auszuholen. Der Abraum wird von einem Helfer nach oben geholt und rund um das Eingangsloch verteilt. So sieht die *foggara* an der Erdoberfläche aus wie Reihen von Maulwurfshügeln.

Hat der Schacht die Sandsteinschicht erreicht, beginnt der Tunnelbau. Hier zeigt sich die Kunst der Mineure, denn leicht verliert man die Orientierung in der absoluten Dunkelheit.

Mag es an der Oberfläche auch aussehen, als bilde die *foggara* strikt gerade Linien – unter der Erde schlängeln sie sich. Der Mineur muß einerseits so graben, daß sein Tunnel auf einen zweiten trifft, dabei außerdem auf eine ausreichende Neigung achten, um das gewonnene Wasser ohne allzu großen Verlust dem Brunnen zuzuführen.

Als die Franzosen In Salah eroberten, in den letzten Tagen des

19. Jahrhunderts, war die *foggara* schon zum Teil ausgetrocknet. Schritt für Schritt wurde sie durch tiefere Brunnen ersetzt, aber es gab noch etwas Wasser, das ausschließlich bei Nacht entnommen wurde, um Verdunstung zu vermeiden. Zusätzlich erhielt jeder, der Wasser an einem Brunnenschacht der *foggara* schöpfen wollte, einen bestimmten Stern zugeteilt. Erschien der Stern am Firmament, war die Zeit zur Wasserentnahme da, so lange, bis sich der Stern des nächsten zeigte. Gemeinsam verbrachten alle, die auf ihren Stern am Himmel warteten, die Nacht am Brunnen. Man nannte sie die Kinder der Sterne.

32

Einer der vier Stadtteile von In Salah heißt Ksar Marabtine. Es gibt nicht viel zu sehen dort: Boden, Häuser, Himmel, alles in derselben staubigen Farbe. Einzig die Friedhöfe mit ihren geheimnisvollen, weiß verwaschenen »marabouts« glänzen inmitten der sandfarbenen Monotonie. Der Tod ist die einzige festliche Angelegenheit im Leben.

Ordentlich aufgereiht, die Schiefertafeln auf den Knien, sitzen Kinder auf den Steinen und singen aus dem Koran. Ein Mann geht vorbei und kickt eine leere Flasche vor sich her. Ein anderer liegt schlafend im Staub, die Arme wie für eine Umarmung von sich gestreckt. Er schläft so tief, daß er nicht einmal das Klackern der Flasche nahe an seinem Ohr wahrnimmt.

Die Sporthalle besteht aus einem einzigen großen Raum unter einem hohen Dach. In der hinteren Ecke befindet sich ein dunkler Umkleideraum und eine Wendeltreppe, die auf eine Empore führt. Dort wärmt man sich, mit Blick über die Halle, mit etwas Gymnastik auf.

Die Atmosphäre hat etwas Familiäres, freilich auch etwas Primitves. Spiegel sind rar und klein. Die Bänke sind aus Holz und im Boden verankert. Anstelle von Stahlseilen sind die Geräte mit Strikken versehen, die, um die Gewichte halten zu können, so dick sein müssen, daß die Reibung den Muskeln fast alle Arbeit abnimmt. Es ist wie immer: der Geruch verschwitzter Körper, der Klang von Metall, das Ächzen und Stöhnen.

Ich gehe nach unten in die Halle. Ich habe Glück: kaum angekommen, wird eine alte schwarze Hantel mit losen Gewichten frei. Dreimal zehn hinter den Kopf, dreimal zehn bis zum Kinn, dreimal zehn auf den Bizeps. Dann tausche ich die Hantel gegen ein paar Handgewichte ein. Ich schaue mich nach einer Bank um. Ein Mann bietet mir an, seine mit mir zu teilen, und so machen wir jeder dreimal zehn Schmetterlingsschwünge, obwohl seine Gewichte doppelt so schwer sein dürften wie meine. Nebenan schiebt ein zehnjähriger Junge Gewichte auf eine Hantel. Ich helfe ihm, und wir wechseln uns ab: Er dreimal zehn, ich dreimal zwanzig. Dann hat er genug. Ein stattlicher Araber mit einer hellen Narbe auf der Wange schlägt vor, die Gewichte zu verdoppeln. Nun bin ich derjenige, der dreimal zehn macht, während er dreimal zwanzig stemmt. Als er noch einmal verdoppeln will, lehne ich dankend ab.

So geht es weiter. Eine der Gewichtsmaschinen hat etwas dünnere Seile und bietet so tatsächlich Widerstand in beide Richtungen. Ich schaffe dreimal fünfzehn hinter den Kopf. Rudergeräte gibt es keine. Die Fußmaschinen sehen eher zerbrechlich aus, also verzichte ich – schließlich habe ich mir noch einiges vorgenommen.

Die Träume und Ideen, die ich früher immer beim Training hatte, als ich damit anfing, sind selten geworden. Ich träume im Bett, nicht mehr beim Sport. Aber meine Gedanken ordnen sich dabei. Das bringt zwar nicht viel Neues. Das jedoch, was ich weiß, wird dadurch greifbarer.

33

»Seven!«

Angenehm erschöpft sitze ich auf den niedrigen Bänkchen vor »Chez Brahim« und nippe an einem Glas frisch aufgegossenem Minztee. Das Training bricht die Verkrustungen des Geistes auf, öffnet die Poren des Bewußtseins, und es gibt kaum etwas Schöneres, als anschließend hier zu sitzen und den Passanten nachzuschauen.

»Seven! Seven!«

In Salah hat fünfundzwanzigtausend Einwohner, die meisten davon sind Schwarze. Einigen von ihnen bin ich mittlerweile so oft begegnet, daß wir uns mit einem stillen Kopfnicken grüßen. Dennoch bin ich nicht wenig überrascht, als ich plötzlich begreife, daß mit »Seven« wohl »Sven« gemeint sein muß – also ich. Der Name reißt mich aus meiner Anonymität wie aus einem Traum. Ungläubig schaue ich mich um und erkenne den fröhlichen Kerl aus Turin, den ich in Algier kennengelernt habe, der mehrmals im Jahr von Turin nach Kamerun fährt und für den die Sahara kaum mehr als ein unumgängliches Verkehrshindernis ist.

Er hat soeben die Motorhaube seines Mercedes mit Vaseline eingecremt und bittet mich nun, ihm einige Tropfen von einer durchsichtigen Flüssigkeit in seine Augen zu träufeln – beides Schutzmaßnahmen, um empfindliche Oberflächen gegen den Sand zu schützen.

Am nächsten Morgen will er gen Süden starten, was für ihn heißt: fahren solange es hell ist und dann im Wagen schlafen.

»Kann ich mitkommen?«

»Nein«, sagt er. »Dein Computer und dein Koffer sind zu schwer. Wer mit dem Auto nach Tam will, muß leicht sein.«

Im Grunde kommt mir seine Ablehnung sogar gelegen, scheint mir doch meine Arbeit im Moment spannender zu sein als eine Fortsetzung meiner Tour.

Den Zusammenhang zwischen Conrads »Schlagt diese Bestien alle tot!« und der unterbrochenen, ja, abgewürgten Kongo-Debatte der Jahre 1896/97 mit den Beiträgen von Dilke und Glave habe ich bereits gezeigt.

Der denkwürdige Satz in Conrads Erzählung hat aber noch einen anderen historischen Hintergrund. Wenn nämlich Joseph Conrad im Jahre 1898 über den arbeitslosen Kapitän zur See namens Marlow schreibt, der versucht, in Afrika als Skipper anzuheuern, so beruht das auf Erinnerungen an den Herbst 1889, als er selbst, der einunddreißigjährige arbeitslose Kapitän zur See Józef Teodor Konrad Korzeniowski, sich um einen Posten als Skipper auf dem Kongo bewarb.

Ja, ich wage sogar zu behaupten, daß, wer das *Herz der Finsternis* verstehen willl, zuallererst eine Verbindung zwischen dem Dezember 1889 und dem Dezember 1898 erkennen muß.

So sitze ich denn am darauffolgenden Morgen wieder an meinem Computer, ein Handtuch über meinen Stuhl gebreitet, bekleidet lediglich mit einem dünnen seidenen Unterhemd und kurzen chinesischen Shorts – um mit meiner Arbeit fortzufahren.

TEIL II

GÖTTER DER WAFFEN

»Mit der Macht einer Gottheit«

34

Das Ereignis, das die Welt im Herbst des Jahres 1889 bewegte, war die Rückkehr Henry Morton Stanleys von einer dreijährigen Expedition ins Innere von Afrika. Stanley hatte Emin Pascha vor den Derwischen gerettet.[21]

»Derwische« wurde eine islamische Bewegung genannt, die den Engländern im Sudan erfolgreich Widerstand geleistet hatte. Im Januar 1885 hatten die »Mahdisten«, wie sie auch genannt wurden, Khartoum eingenommen. Der Nachschub der Engländer, der General Gordon retten sollte, war zwei Tage zu spät gekommen. Für das British Empire war das die bis dahin bitterste Niederlage in Afrika.

Gegen Ende des darauffolgenden Jahres jedoch traf auf Sansibar ein Kurier mit der Nachricht ein, einer von Gordons Provinzgouverneuren, Emin Pascha, verteidige nach wie vor seine Stellungen im Inneren des Sudan und ersuche dringend um Beistand.

Während die Regierung zögerte, nahmen einige größere Handelsgesellschaften den Appell von Emin Pascha zum Anlaß, eine Expedition auf die Beine zu stellen, deren Hauptinteresse es war, die Provinz der Widerständler in eine durch die Gesellschaften kontrollierte britische Kolonie zu verwandeln.

Stanley sollte das Kommando über die Expedition übernehmen. Der Mann, der einst als Korrespondent des *New York Herald* ausgezogen war, um den als verschollen geltenden Missionar und Forschungsreisenden David Livingstone zu finden und diesem nach fast zweijähriger Suche tatsächlich das Leben gerettet hatte, sollte seine ruhmreiche Karriere durch eine neuerliche Heldentat krönen. »Dr. Emin, I presume« – »Dr. Emin, wie ich annehme«, waren die legendären Worte des Befreiers, als er schließlich vor dem Befreiten stand.

35

Doch wie vor ihm Huckleberry Finn, als er seinen Freund Jim rettete, so befand es auch Stanley für zu einfach, sich auf geradem Weg zu Emin Pascha durchzuschlagen, um ihm die Waffen und die Munition zu überbringen, die dieser erbeten hatte.

Statt dessen führte er die Expedition von Sansibar aus einmal rund um Afrika zur Mündung des Kongo, dann an den Wasserfällen vorbei zum schiffbaren Teil des Flusses. Von hier aus sollte die tonnenschwere militärische Ausrüstung mit Hilfe von Schiffen aus den Beständen König Leopolds und Trägern des Sklavenjägers Tippu Tip durch Ituri, den gefürchteten »Todeswald«, einen Dschungel, in den zuvor noch kein Weißer je auch nur einen Fuß gesetzt hatte, in den Sudan gebracht werden.

Nur, daß es natürlich weder Boote noch Träger gab. Stanley mußte einen Großteil der Waffen und Gerätschaften im Kongo zurücklassen und sich mit einer kleinen Truppe auf eigene Faust durchschlagen.

Er selbst entstammte der britischen Unterschicht, war stämmig und muskulös wie ein Müllmann; die Jahre und seine Erlebnisse hatten Spuren in seinem Gesicht hinterlassen. Zu seinem Stellvertreter hatte er Major Bartellot ernannt, einen jungen Aristokraten, der sanft wie Seide und schön wie Adonis war – aber ohne jede Afrikaerfahrung. Warum?

Stanley verabscheute die englische Oberschicht und maß sich selbst an ihr. Vielleicht hoffte er mitansehen zu können, wie eine Kreatur dieser in seinen Augen degenerierten Klasse vom Leben im Dschungel gebrochen würde, wie ein Sprößling der Aristokratie

seine feinen Manieren, seine über alles erhabene Zuversicht und
seine Selbstbeherrschung verlor, um damit ein desto helleres Licht
auf seine, Stanleys, Größe als Mann und Führer zu werfen.
In der Tat endete Bartellot als gebrochener Mensch. Zurückgelassen als Führer der Nachhut, versuchte er vergebens, die Disziplin
der Truppe zu wahren, und wußte sich bald schon nicht mehr
anders zu helfen als mit täglichen, grausamen Auspeitschungen.
Sein Rassismus eskalierte, er wurde gehaßt, isoliert und schließlich
umgebracht.

36

Stanley kämpft sich derweil durch die erstickende Hitze. Die Bäume
tropfen vor Feuchtigkeit. Die Kleidung ist schweißnaß. Hunger,
Durchfall und Eiterbeulen werden zu täglichen Qualen, nachts na-
gen die Ratten an den Füßen der Schlafenden.

Die Bewohner des Dschungels fürchten sich. Sie weigern sich,
mit Stanleys Männern zu handeln oder ihnen als Führer zu dienen.
Stanley kennt nichts als Gewalt. Um an Nahrung für seine Leute zu
kommen, ermordet er schutzlose Menschen auf ihrem Weg zum
Markt, für ein morsches Kanu erschießt er wehrlose Männer.

Vielleicht war dies die einzige Chance, auf seinem Weg durchzu-
kommen. Aber war es auch der einzige Weg, zum Ziel zu gelangen?
Alle hatten versucht, Stanley die Route auszureden, für die er sich
entschieden hatte. In seinem Ehrgeiz aber versuchte er das scheinbar Unmögliche und kalkulierte dabei Mord zwangsläufig mit ein –
Mord, um an eine Ziege oder ein paar Bananenstauden zu kommen.

Shackleton, der Erforscher des Südpols, war weit weniger eitel.
Statt Leben zu opfern, bremste er sich und kehrte um. Stanley hingegen marschierte ungerührt weiter und ließ Berge an Leichen hinter sich.

Eine Aktion von der für Stanley typischen Grausamkeit war die
Hinrichtung eines jungen Trägers wegen angeblicher »Desertion«.
Die Träger hatten sich für einen Marsch durch die trockene ostafri-

kanische Savanne zur Verfügung gestellt. Stanley aber zwang sie, durch den feuchtheißen Regenwald zu gehen, der binnen kurzem fast der Hälfte von ihnen das Leben kostete.

Der Angeklagte, so versuchen seine Leute ihn zu erweichen, sei doch noch ein Junge, hungrig und weit weg von zu Hause. Stanley indes bleibt unnachgiebig: Tod durch Erhängen.

Er durfte, so glaubte er, in einer Situation wie dieser auch nicht das geringste Zeichen von Schwäche zeigen.

Mag sein, daß er Recht damit hatte. Aber war er es nicht selbst, der sich in eine Situation hineinmanövriert hatte, in der das Töten zum einzigen Ausweg wurde?

Zerlumpt und ausgehungert, stinkend und entstellt von Fieberbeulen, stolpernd bei jedem Schritt, erreichen die Befreier die Gestade des Lake Albert, wo Emin Pascha ihnen auf seinem Dampfer entgegenkommt. Er trägt eine strahlend weiße Uniform, erfreut sich bester körperlicher Verfassung, wirkt gelassen und ausgeruht, bringt Kleidung, Decken, Seife, Tabak und Essen für seine Retter. Doch wer rettet hier eigentlich wen?

37

Fünf Jahre lang hatten die Mahdisten Emins entlegene Provinz in Frieden gelassen. Aber die Gerüchte um Stanleys Expedition forderten sie zu einem Angriff heraus. Als Stanley an den Kongo zurückkehrt, um den Rest der Expedition zu holen, erobern sie mit einem Überraschungsschlag die komplette Provinz mit Ausnahme der Hauptstadt, in der sich Emin und seine Männer verschanzen.

Stanleys Rückkehr wird zur letzten Hoffnung, um das Desaster aufzuhalten, das durch ihn selbst ausgelöst worden war. Ungeduldig wartet man Tag um Tag auf ihn, auf seine Gewehre und seine Munition.

Auch beim zweiten Mal schleppt Stanley sich als Führer eines jämmerlichen, vom Fieber geschüttelten Haufens heran. Waffen und Munition hat man verloren, mit Mühe und Not kann man sich selbst verteidigen, kein Gedanke daran, sich auch noch mit den Derwischen herumzuschlagen.

Trotzdem will Emin bleiben. Inständig bittet er Stanley darum, seine Provinz verteidigen zu dürfen. Das aber kann ihm Stanley nicht zugestehen – sein eigenes Scheitern würde zu offenkundig dadurch. Denn in Wahrheit war er nicht imstande gewesen, auch nur einen kleinen Teil dessen einzulösen, worum ihn Emin so dringlich gebeten hatte. Schlimmer noch: Sein Handeln hatte die Situation auf fatale Weise zugespitzt. Die einzige Chance, die ihm blieb, lag in Emin selbst. Er mußte ihn bis zur Küste bringen, und sei es mit Gewalt. Nur so konnte die Nachricht, die man in alle Welt telegrafieren würde, lauten:»Emin gerettet!« Emin war die Trophäe, die Stanleys Niederlage noch in einen halbwegs annehmbaren Sieg zu verwandeln erlaubte.

Der Coup gelang – als einziger der gesamten Expedition. Doch was kümmerte das die erfreute Öffentlichkeit. An Details ist im Moment des Triumphes selten jemand interessiert. Einmal mehr hatte Stanley geschafft, wozu keiner sonst imstande gewesen wäre. Zumindest war dies das Faktum, das sich in den Köpfen der Öffentlichkeit festgesetzt hat. Der Sieg war Wirklichkeit, und sei es nur für einen Augenblick. Wieviel auch immer er gekostet hatte, was auch immer er tatsächlich bedeutete – niemand fragte danach.

38

Als der arbeitslose Kapitän zur See Korzeniowski, bekannter unter dem Namen Joseph Conrad, im November 1889 nach Brüssel kam, um bei Albert Thys, dem Direktor der belgischen Gesellschaft für den oberen Kongo, vorzusprechen, erwartete die Stadt gespannt Stanleys Rückkehr. Man wußte, daß er sich auf dem Weg zurück zur Küste befand; eingetroffen war er noch nicht.

Als Stanley dann am 4. Dezember seine lebendige Trophäe in Bagamoyo ablieferte, war Conrad bereits wieder in London zurück.

Auch dort überschlug sich die Presse wochenlang mit immer neuen Würdigungen des großen Helden der Zivilisation.

Im Januar 1890 trifft Stanley in Kairo ein, wo er sich an die Niederschrift seines Expeditionsberichts macht. Conrad fährt inzwischen nach Polen, wo er zum ersten Mal seit sechzehn Jahren zwei Monate in Kazimierowka, der Stadt seiner Kindheit, verbringt. Am 20. April kommt Stanley nach Brüssel und wird begeistert empfangen. Das Manuskript seines Berichtes ist abgeschlossen, der Titel lautet: *In Darkest Afrika*. Die Halle für das Empfangsbankett von König Leopold ist in allen vier Ecken mit einer überdimensionalen Blumenpyramide geschmückt, aus welcher Hunderte von Stoßzähnen ragen. Fünf Tage lang dauern die Feierlichkeiten. Conrad befindet sich währenddessen auf dem Rückweg von Polen. Er erreicht Brüssel am 29. des Monats, als Stanley noch in aller Munde ist. Von Albert Thys erhält er die Order, unverzüglich in Richtung Kongo aufzubrechen. So bereitete Conrad in London seine eigene Reise in den Kongo genau zu dem Zeitpunkt vor, als der Jubel um Stanley auf dem absoluten Höhepunkt war.

Am 26. April war Stanley in Dover angekommen, von wo aus man ihn in einem Sonderzug nach London brachte, beide Male frenetisch empfangen von einer riesigen Menschenmenge.

Am 3. Mai spricht Stanley vor Tausenden von Zuhörern, darunter die königliche Familie, in St. James's Hall. Oxford und Cambridge verleihen ihm die Ehrendoktorwürde, Feierlichkeiten auf der ganzen Insel schließen sich an.

Conrad erlebte nur einen Teil davon. Bereits am 6. Mai, dem Tag, an dem Stanley von Queen Victoria empfangen wurde, traf er wieder in Brüssel ein, vier Tage später ging er an Bord eines Schiffes nach Afrika.

So sah der edle Emin Pasha aus, während alle auf seine Rettung warteten.
Illustrated London News vom 30. November 1889.

39

Joseph Conrad war also auf dem Weg nach Afrika, Stanleys Afrika. Stanley war sechzehn Jahre älter als Conrad. Wie Conrad war er ohne Mutter aufgewachsen und von einem Pflegevater adoptiert worden. Conrad war vierzehn, als Stanley Livingstone fand und weltberühmt wurde. Mit fünfzehn lief Conrad von zu Hause fort und fuhr zur See, wie es einst auch Stanley getan hatte. Und wie jener änderte auch Conrad seinen Namen, seine Nationalität, seine Identität.

Und nun war er, die Lobeshymnen auf Stanley noch in den Ohren, auf dem Weg in den Kongo. Stanleys Kongo. Ohne die dunkle Wahrheit zu ahnen, die hinter Stanleys Legende lag.

40

Am 28. Juni 1890, dem Tag, an dem Conrad Matadi an der Mündung des Kongo verließ, um sich zu Fuß flußaufwärts nach Stanleyville aufzumachen, erschien in Europa Stanleys Buch. Ein Riesenerfolg. Binnen kurzem waren 150.000 Exemplare verkauft.

Doch weckte es beileibe nicht nur schmeichelhafte Reaktionen. Bartellots Vater zum Beispiel publizierte im Gegenzug die Tagebücher seines Sohnes, um ihn gegen Stanley zu verteidigen. Den Herbst über veröffentlichten auch die übrigen europäischen Expeditionsteilnehmer, die noch am Leben waren, jeweils ihre Sicht der Geschehnisse. Noch im November und Dezember 1890, als Conrad ernsthaft erkrankt in einem afrikanischen Dorf lag, druckten die englischen Blätter nahezu täglich Artikel, die für oder gegen Stanley Partei ergriffen.

Conrad fand während seines achtmonatigen Aufenthalts in Afrika heraus, daß die Wirklichkeit sich eklatant von den grandiosen Reden unterschied, die er unmittelbar vor seiner Abfahrt in Brüssel und London zu hören bekommen hatte.

Als er am Neujahrstag 1891 wieder in London eintraf, krank und desillusioniert, hatte sich endlich auch die Meinung in seiner Heimat zu verändern begonnen, obwohl das Pro und Contra der Diskussionen auch das darauffolgende Jahr noch begleiten und prägen sollten. Besonders sachlich in seiner Kritik an Stanleys Version war Fox Bourne in *The other Side of Emin Pascha-Expedition*. Als alles gesagt war, breitete sich über Stanley und seine Expedition, mehr noch allerdings über Emin Pascha selbst, ein peinliches Schweigen aus.

41

Noch in Afrika hatte Stanley zu seinem Entsetzen feststellen müssen, daß es sich bei dem Mann, für den er so viele Menschenleben geopfert hatte, keineswegs um einen noblen Pascha als vielmehr um einen eigensinnigen schlesischen Juden handelte.

Zwar konnte er Emin am Ende dazu bewegen, mit ihm zu kommen; zu einem Auftritt in der Öffentlichkeit jedoch vermochte er ihn nicht zu überreden. Mit hartnäckigem Schweigen protestierte Emin auf seine Weise während der gesamten Rückfahrt. Unbemerkt stahl er sich vom Begrüßungsbankett in Bagamoyo davon und wurde wenig später mit gebrochenem Schädel auf den Pflastersteinen unter dem Balkon des Hauses aufgefunden. Während Stanley sich in triumphaler Pose feiern ließ, trug man Emin Pascha in ein nahegelegenes Krankenhaus.

Und als man Stanley im April 1890 in Brüssel und London als Retter Emin Paschas rühmte, lag dieser vergessen in einem Hospital in Bagamoyo. Eines Nachts entfloh er von dort, halb blind, halb tot, und machte sich auf den Weg zurück in »seine« Provinz.

Im Oktober 1892 – in Europa hatte sich das Stanley-Fieber wieder gelegt – war Emin wieder in seiner »Heimat« angelangt. Dort entdeckten ihn die Derwische und schnitten ihm die Kehle durch.

Seine »Rettung« hatte Europa in eine jahrelange Hysterie versetzt. Sein Tod wenig später blieb nahezu unbemerkt.

42

Sechs weitere Jahre vergingen, bis im Oktober 1898 in London George Schweizers Buch *Emin Pascha. Sein Leben und Werk, zusammengestellt anhand seiner Aufzeichnungen, Briefe, wissenschaftlichen Schriften sowie aus offiziellen Dokumenten* erschien. Erstmals wurde hier die Geschichte Emins aus seinem eigenen Blickwinkel zugänglich. Das Buch wurde im Oktober und November annonciert und ausführlich besprochen. Im Dezember machte sich Conrad an die Niederschrift von *Herz der Finsternis*.

Wie Stanley den Kongo flußaufwärts fuhr, um Emin zu retten, fährt auch Marlow in Conrads Novelle flußaufwärts, um Kurtz zu befreien. Der jedoch legt keinen Wert darauf, befreit zu werden, verschwindet statt dessen in der Dunkelheit und versucht sich zu »seinen Leuten« durchzuschlagen. So auch Emin.

Kurtz ist nicht als literarisches Porträt von Emin zu verstehen. Im Gegenteil – die sympathischen Züge des Paschas schreibt Conrad eher Marlow zu, dem »Retter« in seiner Novelle. Kurtz hingegen wird als ein Monster gezeichnet, das unverkennbar Züge von Stanley trägt. Stanley hat wie Kurtz eine »Verlobte«, Dolly, die jene Unwahrheiten zu hören bekommt, die sie sich wünscht, ganz so wie die gesamte weiße Welt die Lügen erzählt bekam, die sie hören wollte.

Wenn Marlow gegen Ende von Conrads Novelle die Verlobte von Kurtz belügt, so spiegelt sich darin nicht nur Stanleys Verhalten wider, sondern auch das, was die gesamten Repräsentanten der britischen Öffentlichkeit taten, während Conrad an seiner Novelle schrieb: Sie logen.

43

Die Geschichte liebt Wiederholungen. Im Herbst 1898 kehrt wieder ein »Retter« nach Europa zurück, diesmal mit dem Namen Kitchener.[22]

THE DARK SIDE OF CAMPAIGNING IN THE SOUDAN: DESPATCHING WOUNDED DERVISHES

Oben: »Die düstere Seite des Sudanesischen Feldzuges. Die Liquidierung
der verwundeten Derwische.«
Unten: »Die Ursache«. *The Graphic* vom 1. Oktober 1898.

General Horatio Herbert Kitchener, genannt »der Sirdar«, hatte geschafft, was zu erreichen Stanley nicht vergönnt gewesen war. Er hatte die Derwische geschlagen und den Sudan »befreit«. Am 27. Oktober 1898 lief er im Hafen von Dover ein. Wie einst Stanley wurde er von einer frenetisch jubelnden Menge begrüßt. Und wie einst Stanley fuhr man ihn in einem Sonderzug nach London, wo ihm Queen Victoria eine Audienz gewährte. Beim Lunch zu seinen Ehren behauptete er, mit dem Sieg über die Derwische stünde das Nildelta in seiner gesamten Länge offen »für die zivilisatorischen Einflüsse wirtschaftlicher Unternehmungen«.

Das war exakt dasselbe, was Stanley über den Kongo gesagt hatte. Die darauffolgenden fünf Wochen waren ein einziger Rausch an Feierlichkeiten und Ehrungen. Am 24. November empfing Kitchener, wie vor ihm Stanley, die Ehrendoktorwürde der University of Cambridge. Einige Studenten, die es gewagt hatten, sich gegen die Auszeichnung auszusprechen, wurden kurzerhand in den Fluß geworfen, während man auf dem Campus ein Feuerwerk zu Ehren des »Sirdar« zündete.

Anschließend ging er nach Edinburgh, wo er am 28. November ebenfalls die Ehrendoktorwürde erhielt. Es folgten Empfänge im ganzen Land. Größere Parallelen zu Stanleys Rückkehr waren kaum vorstellbar. In ein und derselben Zeitungsausgabe fanden sich einerseits Anzeigen und Besprechungen des Buches, das wesentlich auf Tagebuchaufzeichnungen von Emin Pascha basierte, der Schrift also, die aller Welt zeigte, worauf ihr vergangener Freudentaumel in Wahrheit beruhte, und andererseits Artikel über den neuerlichen Jubel der Bevölkerung, die unbelehrbar einen »Helden« vergötterte und die die Phrasen und Lügen glaubte und feierte.

Wenige nur hinterfragten den Sieg von Omdurman. Wenige nur wunderten sich, wie elftausend Sudanesen umgebracht werden konnten, während die Briten lediglich achtundvierzig Männer verloren. Und niemand schien sich zu fragen, warum so wenige oder womöglich gar keiner der insgesamt sechzehntausend verwundeten Sudanesen überlebt hatte.[23]

Lediglich ein polnischer Exilschriftsteller, der sich auf Pent Farm nahe Kent zurückgezogen hatte, unterbrach seine Arbeit an einer Novelle und schrieb statt dessen die Geschichte über Kurtz.

44

Ich trete hinaus in die Sonne, atme tief ein, ziehe die heiße Luft in meinen Mund. Es ist wie früher, als ich klein war und ich mir voller Ungeduld den ersten Bissen in den Mund steckte, ohne zu warten, bis er etwas abgekühlt war. Wo ist das kalte Glas Milch, nach dem jeder Atemzug hier schreit?

45

Die sudanesische Armee wurde in der Schlacht bei Omdurman ausgelöscht, ohne daß sie ihren Feind auch nur ein einziges Mal auf Schußweite vor die Gewehre bekommen hätte. Früh hatten die Europäer es verstanden, das Töten aus der Distanz zu einer ihrer Spezialitäten zu machen. Das Wettrüsten der europäischen Küstenstaaten hatte im Laufe des 17. Jahrhunderts Flotten hervorgebracht, die fern der Heimat in der Lage waren, strategische Ziele zu erreichen. Ihre Kanonen zerstörten vermeintlich unbezwingbare Festungen und waren noch effektiver, wenn es gegen wehrlose Dörfer ging.

Das vorindustrielle Europa hatte wenig zu bieten, was für den Rest der Welt von Interesse gewesen wäre. Macht war unser wichtigster Exportartikel. Es war die Zeit, in der wir überall in der Welt wie die Mongolen und Tartaren als nomadisierende Krieger galten. Jene übten ihre Herrschaft vom Rücken ihrer Pferde aus, wir die unsrige von den Decks unserer Schiffe.[24]

Unsere Kanonen trafen auf wenig Widerstand bei Völkern, die in anderer Hinsicht fortgeschrittener und kultivierter waren als wir selbst. Die *Moguls* in Indien zum Beispiel verfügten nicht über Schiffe, die in der Lage gewesen wären, ein Artilleriefeuer zu überstehen, geschweige denn, Kanonen zu transportieren. Statt eine eigenständige Flotte aufzubauen, erkauften sie sich Verteidigungsdienste von anderen europäischen Staaten, was diese wenig später in die Position bringen sollte, selbst den Part des Herrschers über Indien zu übernehmen.

Die Chinesen waren es, die im 10. Jahrhundert das Schießpulver erfunden und Mitte des 13. die erste Kanone hergestellt hatten. Doch fühlten sie sich in ihrem Teil der Welt so sicher, daß sie sich etwa ab der Mitte des 16. Jahrhunderts nicht mehr an dem in Gang gekommenen Flottenwettrüsten beteiligten. Eine Zurückhaltung, die dem armen und rückständigen Europa des 16. Jahrhunderts gleichsam zum Monopol für ozeantaugliche Schiffe verhalf, deren Kanonen Tod und Verheerung über große Distanzen brachten.

Die Europäer machten sich zu »Kanonengöttern«; sie waren imstande, tödlich zu treffen, lange bevor die Waffen ihrer Gegner sie überhaupt erreichen konnten. Dreihundert Jahre später sollten sie auf diese Weise ein Drittel der Welt erobert und unterworfen haben. Ein Imperium, das letztlich auf der Kampfkraft ihrer Schiffe beruhte.

46

Indessen war ein Großteil der bevölkerten Welt auch zu Beginn des 19. Jahrhunderts allein aufgrund seiner Lage unerreichbar geblieben für die maritime Artillerie. So war es eine Entdeckung von erheblicher militärischer Bedeutung, als Robert Fulton mit dem ersten dampfbetriebenen Boot den Hudson River aufwärts fuhr. Binnen kurzem verkehrten Hunderte von Dampfern auf den Flüssen Europas. Und bereits Mitte des 19. Jahrhunderts brachten Dampfschiffe die ersten Kontingente europäischer Kanonen in das Innere von Asien und Afrika. Es sollte der Anfang einer neuen Epoche in der Geschichte des Imperialismus sein.[25] Wobei die meisten Europäer ihre Überlegenheit auf militärischem Gebiet zugleich als Überlegenheit in geistiger, ja biologischer Hinsicht mißverstanden.

Nemesis heißt die griechische Göttin der Rache, zuständig auch für die Bestrafung von Hochmut und Arroganz. In vollendeter, wenn auch unfreiwilliger historischer Ironie war *Nemesis* auch der Name des ersten Dampfers, der im Jahr 1842 Kriegsschiffe den Gelben Fluß hinauf und durch den Großen Kanal nach Peking geschleppt hat. Bald schon benutzte man die Dampfer nicht mehr nur als Schlepper einer Flotte, sondern stattete sie ihrerseits mit Artillerie aus.

Das Kanonenboot wurde zum Symbol des Imperialismus auf allen großen Flüssen Afrikas – dem Nil, dem Niger, dem Kongo –, indem es den Europäern die weiträumige Kontrolle über zuvor nahezu unerreichbare Gebiete ermöglichte. Das Dampfschiff galt als Überbringer des Lichtes und der Rechtschaffenheit. Sollte es dem Erfinder der Dampfmaschine vergönnt sein, von seinem Platz im Himmel herabzublicken auf den großen Erfolg seiner Erfindung hier auf der Erde, so schrieb einst Macgregor Laird in seinem Buch *Beschreibung einer Expedition auf dem Niger in das Innere Afrikas*, erschienen 1837, so dürfte ihm kaum etwas eine größere Genugtuung sein, als von dort oben mitanzusehen, wie Hunderte von Dampfschiffen im Begriff seien, »die allein seligmachende Botschaft vom ›Frieden und Wohlergehen der Menschheit‹ an jene dunklen Plätze der Erde zu bringen, die im Moment noch beherrscht sind von bitterer Unmenschlichkeit.«

So weit die offizielle Rhetorik. Spätestens bei Omdurman erwies sich, daß ein Kanonenboot vor allem in der Lage war, sein Gegenüber aus sicherer Distanz schlicht auszulöschen.

47

Bis zur Mitte des 19. Jahrhunderts waren die kleinen Armeen Afrikas durchaus in der Lage gewesen, sich mit denen der Europäer zu messen. Die Standardfeuerwaffe war ein Vorderlader, eine Art Muskete, gefertigt in der Dorfschmiede, gezündet mit Hilfe eines Feuersteins, furchteinflößend für jeden, der sie zum ersten Mal hörte. Ihre Reichweite freilich betrug nur knapp hundert Meter und es brauchte gut eine Minute, bis das Gewehr neu geladen war. Selbst bei trockenem Wetter zündeten drei von zehn Schüssen nicht, bei feuchtem Wetter war das Gewehr nahezu unbrauchbar. Ein geübter Bogenschütze schoß da bei weitem schneller, zielsicherer und öfter; von Nachteil war lediglich, daß seine Pfeile gegen Panzerungen machtlos waren.

Die Kolonialkriege der ersten Hälfte des 19. Jahrhunderts waren deshalb langwierig und teuer. Die Franzosen etwa, obgleich sie mit einer Armee von 100.000 Mann in Algerien standen, kamen nur äußerst langsam voran – die Ausrüstung der Soldaten erwies sich auf beiden Seiten als nahezu ebenbürtig. Solange jedenfalls, bis mit der Entdeckung des Zündhütchens und des gezogenen Laufs den Franzosen eine Muskete zur Verfügung stand, die erheblich präziser schoß und nur bei fünf von tausend Schüssen versagte.

1853 begannen die Briten, ihre alten Musketen gegen sogenannte Enfield-Gewehre auszutauschen; Gewehre, die zielsicher über eine Entfernung von bis zu fünfhundert Metern schossen und die in erheblich schnellerer Abfolge feuern konnten, da ihre Kugel in eine Patrone aus Papier eingewickelt war.

Auch die Franzosen bauten ein vergleichbares Gewehr, und beide wurden sie zuallererst in den Kolonien eingesetzt.

Aber auch diese Waffen waren noch vergleichsweise langwierig und umständlich in der Handhabung. Zudem stießen sie Rauchwolken aus, die jedem Feind präzise zeigten, woher der Schuß gekommen war, die Papierpatrone sog allzu leicht Feuchtigkeit und der Soldat mußte aufstehen, um nachzuladen.

Die Preußen waren es, die ihre Vorderlader als erste gegen magazingeladene Dreys-Gewehre ersetzten und 1866 im Krieg gegen Österreich zum Einsatz brachten. Sie sicherten sich damit die Vormachtstellung im Deutschen Kaiserreich.

Die Briten vervollkommneten die Entwicklung, indem sie Pulver und Kugel in Messinghülsen statt in Papier steckten, was sich als wirksamer Schutz gegen Feuchtigkeit und beim Transport erwies. Außerdem gab es beim Abschuß der Kugel keine Rauchentwick-

lung, und die Kugeln waren dreimal so schnell wie beim Abfeuern
aus dem Dreys-Gewehr.

1869 wechselten die Briten vom Enfield- zum Martini-Henry-
Gewehr, der ersten Schußwaffe einer neuen Generation: schnell,
präzise, unempfindlich gegen Feuchtigkeit und Stöße. Die Franzosen zogen mit ihrem Gras-Gewehr nach, die Preußen mit dem Mau-
ser.
Fortan war Europa jedem nur denkbaren Gegner anderer Kontinente überlegen. Die »Götter der Waffen« sollten ein weiteres
Drittel der Welt erobern.

48

Die neuen Waffen machten selbst Reisende, die allein in Afrika un-
terwegs waren, zu unbehindert umherschweifenden Gewalttätern.
Der Gründer der deutsch-ostafrikanischen Kolonie, Carl Peters,
beschreibt in seinem Buch *Die Deutsche Emin Pascha Expedition*,
erschienen im Jahr 1891, wie er das Volk der Wagogo zur Unterwerfung gezwungen hatte.
Der Sohn des Häuptlings war ins Lager gekommen und hatte sich
»frech« in den Eingang von Peters Zelt gestellt. »Auf mein Ersu-
chen, sich davonzuscheren, grinste er breit, blieb aber stehen.«
Woraufhin Peters ihm einige Hiebe mit der Flußpferdpeitsche versetzt. Von den Schreien des Ausgepeitschten alarmiert, kommen
die übrigen Wagogo-Krieger ins Lager gerannt, um den Mißhandelten zu befreien. Peters feuert »in den Haufen« und tötet einen von
ihnen.
Eine halbe Stunde später trifft ein Bote des Sultans ein und bietet
den Friedensschluß an. Peters Antwort: »Der Sultan soll Frieden
haben und zwar den ewigen Frieden. Ich will den Wagogo zeigen,
was die Deutschen sind. (...) Plündert das Dorf und werft Feuer in
die Häuser hinein, zerschlagt alles, was nicht brennen will!«
Die Hütten brannten tatsächlich schlecht und mußten zum Großteil mit Äxten niedergemacht werden. Mit vereinten Kräften ver-

suchten die Wagogo, ihre Heimstätten zu verteidigen. Daraufhin Peters laut eigener Überlieferung zu seinen Männern:

>Ich will euch zeigen, welche Art Gesindel wir vor uns haben. Bleibt alle stehen, ich will ganz allein die Wagogo beiseite werfen. Ich ging auf die Wagogo vor, rief Hurrah, und Hunderte von ihnen stoben bei Seite. Ich erwähne dies nicht, um unser Vorgehen als irgend etwas Heldenartiges hinzustellen, sondern um zu zeigen, welcher Art dieses ganze Afrikanertum ist, und welche übertriebenen Anschauungen in Europa in bezug auf die Kriegstüchtigkeit derselben und auf die zu ihrer Unterwerfung erforderlichen Mittel im Gange sind. Von 3 Uhr an ging ich gegen die weiteren Dörfer im Süden vor. Überall dasselbe Schauspiel. Nach kurzem Widerstand stoben die Wagogo auseinander, Feuerbrände wurden in die Häuser geschleudert, die Äxte arbeiteten, um zu zerschlagen, was nicht zu verbrennen war. So wurden bis halb 5 Uhr zwölf Dörfer verbrannt (...). Vom vielen Schießen war meine Büchse so heiß geworden, daß ich sie kaum noch zu halten vermochte.«

Zynisch richtet sich Peters, bevor er die Dörfer – oder das, was davon übriggeblieben war –, wieder verläßt, noch einmal an die Wagogo: Nun hätten sie Gelegenheit gehabt, ihn etwas besser kennenzulernen. Er werde, so versprach er ihnen, bleiben, bis keiner mehr von ihnen am Leben sei, kein Dorf mehr stehe, kein Ochse mehr brülle.

Der Sultan läßt noch einmal nach den Bedingungen für einen Frieden anfragen. Peters Antwort lautet:»Sagt eurem Sultan, daß ich mit ihm keinen Frieden will. Die Wagogo sind Lügner und müssen vernichtet werden von der Oberfläche der Erde. Wenn der Sultan aber der Sklave der Deutschen werden will, so können er und die Seinen leben.«

Bei Anbruch der Dämmerung schickt der Sultan 36 Ochsen und andere Geschenke.»Nunmehr ließ ich mich dazu herbei, ihm einen Vortrag zu bewilligen, durch welchen er unter deutsche Oberhoheit gestellt wurde.«

Dank der neuen Waffen wurden die kolonialen Feldzüge zu ei-

nem beispiellos preisgünstigen Abenteuer. Nicht selten war die
Munition, die man zum Töten brauchte, das Teuerste.

Carl Peters wurde zum deutschen Bevollmächtigten über sämtliche von ihm eroberten Gebiete ernannt.

Im Frühjahr 1897 allerdings wurde er in Berlin vor Gericht gestellt. Der Prozeß war ein Skandal, den selbst die britische Presse
mit großer Aufmerksamkeit verfolgte. Peters wurde des Mordes an
einer schwarzen Mätresse für schuldig befunden. Allerdings er-
folgte die Verurteilung nicht wegen des Mordes, sondern wegen
des intimen Verhältnisses. Die unzähligen Morde, die Peters im
Zuge der Eroberung von Deutsch-Ostafrika verübt hatte, wurden
als ganz natürlich betrachtet und blieben ungesühnt.[26]

49

Und wieder folgte eine neue Waffengeneration: Gewehre mit einem Mechanismus zum Nachladen. Zudem entdeckte der Franzose
Paul Vieille im Jahre 1885 das Nitroglycerin, das ohne Rauch und
Asche explodierte, was bedeutete, daß ein Soldat, der geschossen
hatte, für den Feind nicht mehr ohne weiteres zu orten war. Nitroglycerin war außerdem von erheblich größerer Sprengkraft und
vergleichsweise unempfindlich gegen Feuchtigkeit.

Die Kaliber der Musketen konnten von 19 mm auf 8 mm verklei-
nert werden, was die Zielgenauigkeit erheblich erhöhte. Mit dem
Nitroglycerin kamen auch die Schnellfeuerwaffen. Als erste hatten
die Briten ihre Kolonialtruppen damit ausgerüstet. Schon 1874, im
Kampf gegen die Ashanti, und 1884 in Ägypten konnten die Soldaten des British Empire von den Vorteilen der neuen Waffentechnik
profitieren.

Zur selben Zeit verbilligten neue Methoden die Stahlherstellung
derart, daß einer Waffenproduktion in großen Mengen nichts mehr
im Wege stand. Die Dorfschmieden in Afrika und Asien aber waren
nicht mehr in der Lage, die Waffen der Europäer nachzubauen, weil
ihnen der industriell gefertigte Stahl fehlte.

Seit Beginn des 20. Jahrhunderts war es den europäischen Infanteristen möglich, bis zu fünfzehn Schuß binnen weniger Sekunden im Liegen und auf eine Distanz von bis zu tausend Metern
abzufeuern, ohne sich selbst dabei einer wesentlichen Gefahr aus-
zusetzen.

Die neuen Patronen eigneten sich bestens für den Gebrauch in
tropischen Gegenden. Nur scheint ihre Wirkung auf »die Wilden«
nicht immer den gewünschten Effekt gehabt zu haben. Offenbar
kämpften diese oft noch weiter, auch wenn sie schon vier- oder fünf-
mal von einer Kugel getroffen worden waren. Das änderte sich mit
dem 1897 patentierten Dumdum-Geschoß, benannt nach der in
Dum Dum nahe Kalkutta gelegenen Fabrik. Der Bleimantel dieses
Geschosses explodiert beim Aufprall, was grauenvolle und schlecht
heilende Wunden hinterläßt.

Aufgrund von Abkommen zwischen »zivilisierten« Staaten war
der Einsatz des Dumdum-Geschosses ausdrücklich auf Großwild-
jagden und koloniale Kriege beschränkt.

In Omdurman schließlich sollte das gesamte neuentwickelte
Arsenal an europäischen Waffen zum Einsatz kommen: Kanonen-
boote, automatische Waffen, Repetiergewehre und Dumdum-Ge-
schosse – gegen einen zahlenmäßig überlegenen und zur Gegen-
wehr fest entschlossenen Feind.

Eine der unbeschwertesten Darstellungen dieses Krieges stammt
aus der Feder Winston Churchills, später ausgezeichnet mit dem
Nobelpreis für Literatur, seinerzeit Kriegsberichterstatter im Dienste der Londoner *Morning Post*. Im ersten Band seiner Memoiren
(*My early Years*; dt.: *Meine frühen Jahre*), erschienen 1930, beschreibt
er eben diese Schlacht.

50

»Eine Schlacht wie die von Omdurman wird man nie wieder erleben. Sie bedeutete das letzte Glied in der langen Reihe jener Kampf-
schauspiele, die mit ihrer farbenprächtigen und erhabenen Großar-

tigkeit so viel dazu beigetragen haben, dem Krieg einen glanzvollen Zauber zu verleihen.«

Errungenschaften wie das Dampfschiff und eine neue Eisenbahnlinie sicherten den Nachschub der Europäer bis weit in die Ödnis der Wüste hinein. Churchill erinnert sich an

»zahlreiche Flaschen von einnehmendem Äußeren und große Platten mit gekochtem Rindfleisch nebst Mixed Pickles. Dieser herzerfreuende Anblick, wie durch ein Wunder inmitten der Wildnis unmittelbar vor einer Schlacht hervorgezaubert, erfüllte mein Gemüt mit einem Dankgefühl von weit größerer Innigkeit, als man gemeinhin beim Sprechen des Tischgebets zu empfinden pflegt. Mit konzentrierter Aufmerksamkeit machte ich mich über das saftige Fleisch und die gekühlten Getränke her. Alles war in gehobener Stimmung und bester Laune. Es war wirklich wie ein Frühstück vor dem Derby.
›Wird es wirklich zu einer Schlacht kommen?‹, fragte ich.
(...)
›In einer Stunde oder zwei‹, antwortete der General.«

Für Churchill war es ein »großer Augenblick in seinem Leben«; entsprechend entschlossen genießt er ihn, setzt sich und ißt.»Selbstverständlich würden wir siegen. Selbstverständlich würden wir sie zusammenhauen.«

Zur Schlacht sollte es an diesem Tag allerdings dann doch nicht mehr kommen. Statt dessen beschäftigte man sich mit den Vorbereitungen zum Dinner. Irgendwann taucht ein Kanonenboot mit Offizieren in »tadellosen weißen Uniformen« auf. Einer von ihnen wirft eine Champagnerflasche über Bord. Churchill watet bis zu den Knien ins Wasser, ergattert sie und trägt sie triumphierend zur Speisetafel.

»Diese Art Feldzüge brachte eine Fülle erregender Erlebnisse mit sich. Es war nicht wie im Weltkrieg. Keiner erwartete zu fallen. (...) Für die große Masse derer, die an diesen kleinen Kriegen Englands in jenen vergangenen frohgemuten Tagen teilnahmen, bedeutete das nur ein sportliches Risiko in einem herrlichen Wettspiel.«

51

Unglücklicherweise wurden die Briten immer öfter um ihr »Spiel«
gebracht: Allzu schnell hatten ihre Gegner gelernt, wie sinnlos ein
Kampf gegen die modernen Waffen war. Sie ergaben sich, bevor die
Briten das Vergnügen hatten, sie auszulöschen. Um so mehr genoß
es Lord Garnet Wolsley, Kommandant der britischen Truppen im
ersten Krieg gegen die Ashanti 1874 – 76, wenn er auf Widerstand
stieß:

»Einzig die Erfahrung des Ereignisses selbst läßt uns erkennen,
welch tiefes, leidenschaftliches Entzücken ein Angriff gegen den
Feind – sogar im Vorfeld schon – auslösen kann. (...) Jedes
andere Erlebnis wirkt dagegen wie das Bimmeln einer Türglocke
im Vergleich zu den Schlägen von Big Ben.«[27]

Der zweite Krieg gegen die Ashanti 1896 bot wenig Gelegenheit für
Erfahrungen dieser Art. Zwei Tagesmärsche von der Hauptstadt
Kumasi entfernt traf die Vorhut unter Kommandant Robert Baden-
Powell, dem späteren Gründer der Pfadfinderbewegung, auf einen
Boten, der die bedingungslose Kapitulation anbot.

Zu seiner großen Enttäuschung hatte Baden-Powell noch keine
Gelegenheit gehabt, auch nur einen einzigen Schuß auf die Eingeborenen abzufeuern.

Um die Feindseligkeiten etwas anzuheizen, planten die Briten
Provokationen der besonderen Art und nahmen den König der
Ashanti nebst seiner gesamten Familie gefangen.

Der König und seine Mutter mußten auf allen Vieren vor den britischen Offizieren kriechen, die sich selbst auf einen Thron aus Bis-
quitkisten setzten, um die Gesten der Unterwerfung entgegenzunehmen.

In Conrads Novelle *Herz der Finsternis* beschreibt Harlequin, wie
die Eingeborenen sich dem von ihnen verherrlichten Kurtz zu
nähern pflegten – indem sie auf allen Vieren krochen. Marlow reagiert entsetzt, wendet sich ab und ruft, er wolle nichts wissen von
derlei entwürdigenden Zeremonien. Die Vorstellung von Häupt-

lingen, die im Staub kriechen, scheint ihm weit unerträglicher als der Blick auf die Köpfe jener Ermordeter, die vor Kurtz' Haus die Blumenbeete säumen.

Seine Reaktion wird vielleicht verständlicher, schaut man sich Zeichnungen von der »Zeremonie« in Kumasi an, die zwei Jahre früher veröffentlicht wurden. Zeichnungen, die in nahezu jeder illustrierten Zeitschrift zu sehen waren und in denen ein Rassismus zum Ausdruck kommt, der vor keiner Demütigung zurückschreckt. Diesmal also fand sich für die Briten keine Gelegenheit, ihre Waffen heiß zu schießen. Enttäuscht kehrten sie an die Küste zurück. »Ich habe den Ausflug durchaus genossen«, schreibt Baden-Powell in einem Brief an seine Mutter. »Vergeblich war leider unsere Hoffnung auf einen Kampf, und damit wohl auch unsere Hoffnung auf Medaillen und Tapferkeitsauszeichnungen.«

52

Hin und wieder freilich waren Provokationen auch von Erfolg gekrönt.[28]

Jahrelang hatten die britischen Konsulen an der Mündung des Benin vergebens darauf gedrängt, das dahinterliegende Königreich einnehmen zu dürfen. Der Handel erfordere den Einmarsch unbedingt, zudem überwöge die in Aussicht stehende Beute an Elfenbeinschätzen des Königs die Kosten einer Expedition dieser Art mit Sicherheit. Doch der Außenminister blieb hart – die Sache sei zu teuer.

Im November 1896 versuchte der residierende Konsul, Leutnant Phillips, sein Glück und reichte abermals ein Gesuch in der Heimat ein. Ausrüstung und Munition stünden bereit, der Angriff sei für die Monate Februar und März 1897 geplant. Am 7. Januar 1897 traf die Depesche mit der Antwort des Außenministers ein. Sie lautete wie die vorhergehenden. Doch Leutnant Phillips, der eine solche Antwort erwartet hatte, war bereits am 2. Januar in Begleitung von neun Weißen und zweihundert afrikanischen Trägern aufgebrochen, um

»Sie kamen auf allen vieren zu ihm hingekrochen.«
Die Unterwerfung König Prempehs.
Illustrated London News vom 26. Februar 1896.

Die Unterwerfung König Prempehs. Die letzte Erniedrigung.
The Graphic vom 29. Februar 1896.

dem König von Benin seine Aufwartung zu machen. Schon am Abend desselben Tages kam ihnen ein Bote des Königs entgegen, der um Aufschiebung des Besuches um einen Monat bat, da der König inmitten der Vorbereitungen zu einem alljährlichen religiösen Fest stehe. Phillips berührte das nicht. Er ging seinen Weg.

Am darauffolgenden Abend kamen ihm gleich mehrere Abgesandte des Königs entgegen und versuchten inständig, die Weißen zur Umkehr zu bewegen. Phillips schickte dem König seinen Stock – eine gezielte Beleidigung – und marschierte weiter.

Einen Tag später, am 4. Januar, wurde Phillips, zusammen mit acht weißen Männern in einen Hinterhalt gelockt und getötet. Am 11. Januar erreichte die Nachricht vom »Desaster in Benin« die Hauptstadt des British Empire. Die Londoner Presse war außer sich und schrie nach Rache. Der Angriff auf das Königreich Benin, der Leutnant Phillips kurz zuvor noch untersagt worden war, wurde umgehend befohlen, als Rache für den Opfertod des Offiziers.

Trotz erheblichen Widerstandes eroberten die Briten am 18. Februar Benin-City, plünderten die Stadt und machten sie dem Erdboden gleich. Niemand hat je danach gefragt, wie viele Menschen dabei von den englischen Truppen getötet worden sind. Statt dessen brachten die illustrierten Magazine sensationshungrig übertriebene Berichte über die Menschenopfer des Königs von Benin. Schädel, die auf dem Boden leuchteten wie Buschwindröschen, galten als Beweis dafür, daß nicht ein einziger Einwohner von Benin eines natürlichen Todes gestorben war.

In den Erinnerungen von Captain R. H. Bacon, die 1898 unter dem Titel *Benin – The City of Blood* erschienen, sind die Gekreuzigten, die mit aufgeschlitzten Leibern an Balken hängen, der Grund dafür, im Namen der Zivilisation das Königreich von Benin zu erobern.

Diese Bilder waren es, die dem zeitgenössischen Leser von Joseph Conrads *Herz der Finsternis* ins Gedächtnis kamen, wenn er las, daß Kurtz sich als Gott verehren läßt und an »unbeschreibbaren Riten« teilnimmt. Unwillkürlich erinnerte das an die Schilderungen vom Gestank der Massengräber, in die man Tote und Lebendige

»Unbeschreibbare Riten.« Golgatha, Benin.
Illustrated London News vom 27. März 1897.

Gekreuzigtes Menschenopfer.
Ausschnitt aus *Benin – The City of Blood* (1897) von R. H. Bacon.

zugleich geworfen hatte, und an Kultgegenstände, bedeckt mit getrocknetem Blut. Heute gelten die »Götzenbilder« aus Benin als Meisterwerke der Kunst. Seinerzeit waren die Presseberichte aus dem Benin darauf aus, die afrikanische Kultur als Hölle schlechthin zu zeichnen. Sie schafften das so gründlich, daß kein Brite auf die Idee kam, über den künstlerischen Wert solcher Skulpturen nachzudenken. So wurden sie in London als Kuriositäten verscherbelt, um mit den Einnahmen die Kosten der Strafexpedition zu decken. Deutsche Museen haben sie billig eingekauft.

53

Was empfand der König von Benin, als man ihn durch die Wälder hetzte wie ein wildes Tier und hinter ihm seine Hauptstadt in Flammen aufging? Was ging vor im König der Ashanti, als er auf allen Vieren kroch, um die Stiefel der britischen Offiziere zu küssen? Niemand hat je danach gefragt. Keiner hat ihnen auch nur die geringste Aufmerksamkeit geschenkt – ihnen, die von den »Göttern der Waffen« unterworfen wurden. Nur sehr wenige Zeugnisse liegen uns von afrikanischer Seite vor.

Gegen Ende der achtziger Jahre des vorigen Jahrhunderts drang die »British South African Company« von Süden aus in Richtung Matabeleland vor, dem heutigen Zimbabwe. 1894 war das Gebiet vollständig eingenommen, das Volk der Matabele unterworfen und enteignet. Die Company verkaufte das Weideland an weiße Agenten und Abenteurer, dezimierte die Viehherden von 100.000 auf allenfalls noch 14.000 Stück und verbot den Eingeborenen den Besitz jeglicher Waffen. Weiße Patrouillen herrschten mit martialischer Brutalität, die Eingeborenen wurden zur Arbeit gezwungen, und jeder, der sich weigerte, wurde sofort niedergeschossen.

Der Aufstand kommt 1896. Die Company ersucht um Unterstützung bei den britischen Truppen. Baden-Powell meldet sich zur Stelle, »hocherfreut einen Auftrag zu erhalten«, bei dem es gegen einen Feind gehe, »der ausgebildeten Soldaten nicht eben viel entgegenzusetzen« habe.[29] In der ersten Schlacht töten er und seine Truppe zweihundert Eingeborene, während sie selbst nur einen einzigen Gefallenen zu beklagen haben. Das Geschäft des Tötens war leicht, ja, fast amüsant geworden. In diesem Fall allerdings doch zu teuer. Die Armee war auf Anforderung der Company gekommen, verlangte folglich Bezahlung für ihre militärische Unterstützungsaktion. Nach wenigen Monaten des Kampfes stand die Gesellschaft vor dem Ruin. Man brauchte den Frieden. Erstmals waren Cecil Rhodes und seine weißen Kampfgefährten am 21. August 1896 gezwungen, den Schwarzafrikanern Gehör zu schenken.

54

»Einst habe ich Bulawayo besucht«, erzählte Somabulano.

»Ich kam, um dem Vorsitzenden des Magistrats meinen Respekt zu bezeugen. Ich brachte meine *Indunas* mit und meine Diener. Ich bin ein Häuptling. Man erwartet von mir, daß ich mit Bediensteten und Beratern reise. Es war am frühen Morgen, als ich in Bulawayo eintraf, die Sonne hatte den Tau noch nicht von den Blättern geleckt. Ich setzte mich vor das Amtsgebäude und ließ dem Ratsvorsitzenden Mitteilung machen, daß ich gekommen sei, ihm meinen Respekt zu bezeugen.

So saß ich bis die Schatten länger wurden. Schließlich (...) schickte ich noch einmal einen Boten, um dem Ratsvorsitzenden mitteilen zu lassen, daß ich ihn unter keinen Umständen ungebührlich zur Eile drängen wolle. Alles stünde in seinem Belieben, doch meine Leute seien hungrig. Und wenn weiße Männer zu mir kämen, um mir ihre Aufwartung zu machen, so sei es an mir, ein Tier zu schlachten, um ihnen zu essen zu geben. Die Antwort des Ratsvorsitzenden (...) war die, daß die Stadt voller streunender Hunde sei. Die sollten wir doch töten und essen, falls wir sie zu fangen verstünden.«

Selbst der Priester von Lord Grey, Pater Bihler, vertrat die Auffassung, daß man die Schwarzen ausrotten müsse. »Er ist der festen Überzeugung«, schreibt Lord Grey in einem Brief vom 23. Januar 1897 an seine Frau, »daß die einzige Chance für eine Zukunft dieser Rasse die Ausrottung aller Männer und Frauen über vierzehn Jahren sei.« Er selbst mochte eine derart krasse Schlußfolgerung nicht akzeptieren. Der Gedanke an eine Ausrottung wurde jedoch immer wieder diskutiert und von der Presse bereitwillig aufgegriffen. Die afrikanischen Stammeshäuptlinge waren sich der Gefahren durchaus bewußt. Somabulano etwa nimmt in seiner Rede anläßlich der Friedensverhandlungen direkt Bezug darauf:

> »Ihr seid gekommen, ihr habt erobert. Der Stärkere nimmt das Land. Wir haben Eure Herrschaft akzeptiert. Aber nicht als Hunde! Wenn wir wie Hunde leben sollen, ist es besser zu sterben. Niemals könnt ihr einen Hund aus einem Amandebele machen. Ihr könnt uns ausrotten. Aber die Kinder der Sterne können niemals Hunde sein.«[30]

55

In Omdurman wurde der bis dahin stärkste militärische Widerstand auf Seiten der Afrikaner gebrochen. Nach wie vor am aufschlußreichsten ist die Darstellung der Schlacht in Churchills unmittelbar danach geschriebenem, 1899 erschienenen Buch *The River War*. Demzufolge begann der Morgen des 2. September 1898 wie folgt:

> »Die weißen Flaggen hatten die Anhöhe fast erreicht. In wenigen Minuten würden sie für die Bataillone sichtbar sein. Hatten sie sich vor Augen geführt, was sie erwartete? Sie bildeten eine dichte Gruppe und standen in einer Entfernung von zweieinhalb Kilometern zum 32. Feldbataillon und den Kanonenbooten. Die Reichweite unserer Schußwaffen war bekannt, es war schlicht eine Frage der Technik (...).

Die Schlacht von Omdurman.
»Sie wurden von den Maxim-Gewehren und der Infanterie
vernichtend geschlagen. Ganze Batallione wurden im verheerenden
Feuergefecht ausgelöscht.«
The Graphic vom 24. September 1898.

Die Sinne waren wie benommen von der Faszination des bevorstehenden Horrors. Ich sah es förmlich kommen. Ein paar Sekunden noch, dann würde die absolute Zerstörung über diese tapferen Männer hereinbrechen. Sie erreichten den Hügelkamm und standen dort sichtbar für unsere ganze Armee. Ihre weißen Flaggen machten sie vollends zu einem trefflichen Ziel. Als sie das Lager ihrer Feinde erblickten, entsicherten sie ihre Gewehre und beschleunigten ihre Schritte. (...) Einen letzten Augenblick lang wehten ihre weißen Flaggen in geordneter Reihe, dann überschritt die gesamte Division den Hügel, um sich förmlich als Ziel zu präsentieren. (...) Wenigstens zwanzig Granaten schlugen innerhalb der ersten Minuten in ihren Reihen ein. Die einen explodierten hoch in der Luft, andere genau auf der Höhe ihrer Köpfe, wieder andere beim Aufprall im Sand; Splitter, Kugeln und blutroter Staub schleuderten in ihre Linien. Die weißen Flaggen kippten in alle Richtungen, wurden aber augenblicklich wieder hochgerissen von Kriegern, die nun ihrerseits nach vorne stürmten, um ihr Leben der heiligen Sache des Mahdi und der Verteidigung ihres Propheten und einzigen Gottes zu opfern. Es war ein grauenvoller Anblick, zumal sie uns bis zu diesem Zeitpunkt noch nicht einmal zu verwunden vermochten. Ja, es schien ein unverdienter Vorteil zu sein, sie auf diese grausame Weise niederzustrekken, der sie nichts entgegenzusetzen hatten.«

Vor allem der letzte Satz dieser Beschreibung zeigt Churchills althergebrachte Vorstellungen von Ehre und Fair play, dazu eine tiefe Bewunderung für eine solche, leider sinnlose, Tapferkeit. Bei ihm hatte sich noch nicht das Verständnis der Moderne durchgesetzt, wonach technische Überlegenheit gleichsam das Recht verleiht, den Feind auch dann zu vernichten, wenn er wehrlos ist.

Die Schlacht von Omdurman.
Das Bild stellt die Schlacht als einen Kampf von Mann gegen Mann dar —
doch kein Sudanese kam näher als 250 Meter an die
britischen Stellungen heran.

56

»Etwa achthundert Meter entfernt marschierte eine schon arg
zerrissene Linie mit Kämpfern, denen die Verzweiflung angesichts der gnadenlosen Beschießung tief ins Gesicht geschrieben
stand. Weiße Flaggen taumelten und sanken nieder, weiße Figuren stürzten zu Dutzenden. Die Infanteristen feuerten stetig und
unerschütterlich, ohne Eile und Aufregung – der Feind war
schließlich weit genug entfernt (...).
Die Soldaten gaben sich große Mühe. Allerdings ermüdete sie
die rein mechanische Arbeit mit der Zeit.
Ihre Gewehre wurden heiß, so heiß, daß sie ausgetauscht werden mußten gegen die der Reservekompanie. (...) Die leeren
Patronenhülsen, die auf den Boden klimperten, bildeten kleine
Haufen um die einzelnen Schützen herum. Währenddessen
bohrten sich die Kugeln auf der anderen Seite des Feldes in
menschliches Fleisch und zerfetzten Knochen; Blut spritzte aus
schrecklichen Wunden, und tapfere Männer kämpften sich durch
eine Hölle aus pfeifendem Metall, explodierenden Granaten
und aufwirbelnder Erde – leidend, verzweifelnd, sterbend.«

Wohlgemerkt: das Mitgefühl Churchills galt einem Feind, der nicht
die Flucht ergriff und der, wäre er nicht auf diese Weise gestoppt
worden, der überlegenere gewesen wären. 50.000 Mann hatte der
Kalif in die Schlacht geschickt. Churchill hält die Strategie des Feld-
herrn für weise und durchdacht – mit der einen entscheidenden Ein-
schränkung, daß sie auf einer fatalen Unterschätzung der modernen
Waffen des Gegners beruht habe.

»Die große Armee der Derwische, die bei Sonnenaufgang voller
Hoffnung und Courage angetreten war, war in völliger Auflö-
sung begriffen und floh, verfolgt von der 21. Lanzerdivision,
mehr als 9.000 tote Krieger aus ihren Reihen und vermutlich
noch mehr Verwundete zurücklassend.
So endete die Schlacht von Omdurman – einer der heraus-
ragendsten Triumphe, die jemals durch den Einsatz moderner
Waffen gegen das Barbarentum errungen worden sind.
Innerhalb eines Zeitraums von fünf Stunden wurde die stärk-

ste und bestausgerüstete Armee aufgerieben und zerstreut, die
die Wilden jemals einer europäischen Macht gegenübergestellt
hatten. Und das nahezu ohne Schwierigkeit, mit vergleichsweise
geringem Risiko und zu vernachlässigenden Verlusten auf seiten
der Sieger.«

57

Im Oktober 1898 sah es für einige Wochen so aus, als ziehe der Sieg
von Omdurman einen großen europäischen Krieg nach sich.[31] Die
Franzosen hatten sich nämlich in Faschoda verschanzt, einem kleinen Vorposten südlich von Omdurman, und verlangten einen Teil
der Beute, die Kitchener erobert hatte. Tagelang schürte die patrio-
tische Presse beider Länder den Konflikt, indem sie das Waffenarse-
nal ihrer jeweiligen Nation präsentierte. Europa schien auf einen
tiefen Abgrund zuzuschlittern. Schließlich trat am 4. November,
während eines Gala-Dinners in London – im Rahmen dessen Kitchener die Insignien des Sieges (ein goldenes Schwert von seltener
Geschmacklosigkeit) überreicht worden waren – die Nachricht ein,
daß die Franzosen nachgegeben hätten.

Die Faschoda-Krise war überwunden. Großbritannien blieb die
unangefochtene Großmacht, und der große Dichter des Imperialismus, Rudyard Kipling, schrieb:

>»Take up the white man's burden
>Send forth the best ye breeth
>Go bind your sons to exile
>To serve your captives' need«[32]

58

Während Kipling sein Gedicht *The White Man's Burden* schrieb, verfaßte Joseph Conrad seine Novelle *Herz der Finsternis*. Das literarische Manifest des Imperialismus erschien exakt zur selben Zeit wie

sein ideologischer Gegenpol, und beide Werke entstanden unter dem unmittelbaren Eindruck der Schlacht von Omdurman.

Bereits in *Der Verdammte der Inseln*, erschienen im Jahre 1896, hatte Conrad das Gefühl beschrieben, von Schiffskanonen beschossen zu werden: Der Boden rund um Babalatchi ist aufgeweicht vom Blut, die Häuser stehen in Flammen, Frauen schreien, Kinder weinen, Sterbende ringen nach Luft. Sie krepieren in völliger Wehrlosigkeit, »hingestreckt (...), ehe sie den Feind zu Gesicht bekommen hatten«. All ihre Tapferkeit ist vergebens; sie kämpfen gegen einen unsichtbaren und unerreichbaren Gegner. Später erinnert sich einer der Überlebenden an diese Unsichtbarkeit der Angreifer: »Sie kamen, diese unsichtbaren Weißen, und brachten den Tod aus sicherer Entfernung ...«

Nur wenige europäische Autoren haben einfühlsamer die hilflose Wut gegenüber einem Gegner geschildert, der tötet, ohne das Land zu betreten, und siegt, ohne anwesend gewesen zu sein.

Conrads Novelle war eben veröffentlicht, als die Nachricht von der Schlacht von Omdurman London erreichte. Im *Herz der Finsternis*, geschrieben während der Zeit des patriotischen Taumels, den Kitcheners Rückkehr ausgelöst hatte, präsentiert Conrad, was der Historiker Daniel R. Headrich als »die Werkzeuge des Imperialismus« bezeichnet hat: Die Schiffskanonen, die einen ganzen Kontinent unter Beschuß nehmen; die Eisenbahn, die dazu dient, die Plünderung dieses Kontinents bequemer zu machen; die Flußdampfer, die die Europäer und ihre Waffen in das Herz des Kontinents bringen. »Donnerkeile des Jupiter« nennt Marlow Kurtz' Waffen, die diesen stets begleiten: zwei Schrotflinten, ein schweres Gewehr und einen leichteren Karabiner. Mit einer Winchester und einer Martini-Henry werden die Afrikaner an Land beschossen.

»Sagen Sie doch! Wir müssen ein prächtiges Schlachtfest mit ihnen veranstaltet haben! Hä? Was meinen Sie? Sagen Sie doch!« – hört Marlow die Weißen reden.

»Wir nähern uns ihnen mit der Macht der Götter«, schreibt Kurtz in seinem Bericht an die »Internationale Gesellschaft für die

Unterdrückung wilder Bräuche«. Er meint die Waffen damit. Sie verkörpern die göttliche Macht.

Kiplings Verse erhoben die imperialistische Idee zu einem ethischen Imperativ. Genauso macht es Kurtz, der sich selbst in eine Wolke Kiplingscher Rhetorik hüllt. Nur eine Nebenbemerkung in seinem Redeschwall zeigt, was Kurtz, genau wie Kitchener, als seinen eigentlichen Auftrag betrachtete: »Schlagt diese Bestien alle tot!«

Nach Tam

59

Die Busse, die auf den vierhundert Meilen zwischen In Salah und Tamanrasset verkehren, sind umgebaute Mercedes-Lastwagen, orangefarben angestrichen, damit man sie im aufgewirbelten Staub sehen kann. Das hintere Abteil für die Passagiere gleicht einer Taucherglocke mit winzigen Gucklöchern anstelle von Fenstern. Es ist grauenhaft heiß und eng darin, von Federung keine Spur – die muß man schon selbst mitbringen.

Ich habe Angst, wie so oft. Aber als die Abfahrt endgültig nicht länger aufgeschoben werden kann, weil ich in der Dämmerung mit meinem schweren Gepäck dastehe – sozusagen in den Startlöchern –, da weiß ich doch wieder: Es ist gut zu sein, wo ich bin. Die Sahara liegt vor mir in ihrer ganzen Weite – wie ein Sprungtuch. Alles, was ich tun muß, ist springen.

Der Tag bricht an zwischen weißen Dünen, die wie Berge von Schlagsahne vor uns liegen, exquisit zu sanften Kegeln geformt. Vom Sand zerfressene Wegzeiger und Verkehrsschilder mit Zeichen, die fast völlig ausradiert sind.

Sobald die Straße ihre Richtung ändert, verändert sich auch die Farbe des Sandes. Die weißen Dünen sind aschgrau, gelb, rot, braun, ja sogar schwarz, je nach dem, wie das Licht darauf fällt.

Dann tauchen die ersten Berge vor uns auf, schwarz wie Kohle, purpurrot, versengt. Sie sind vollkommen verwittert, umgeben von Massen herabgestürzter Felsbrocken, die aussehen wie Schlacke, die jemand in einer gigantischen Schmiede zusammengekehrt hat. Dazwischen einige Tamariske, die meisten aber verdorrt und tot. Der Fahrer steigt aus und sammelt sie für das Feuer der kommenden Nacht. Die soll in Arrak verbracht werden, wo es ein kleines Café gibt, das sich selbst den Titel eines Restaurants und Hotels verliehen hat. Man schläft zu zweit in einer Strohhütte, auf Matratzen direkt im Sand.

60

Auf der Landkarte sieht es aus, als müßte die Straße hinter Arrak besser werden, aber es bleibt bei der röhrenden Schinderei im ersten und zweiten Gang, zwischendurch mit Allradantrieb. Auf einer Piste von etwa einem Kilometer Breite fährt man geradewegs in die Wüste hinein – in schlingernder, slalomartiger Fahrt, stets auf der Suche nach dem griffigsten Untergrund in dem Gewirr von Spuren.

Hin und wieder erscheinen gewaltige Rauchwolken von anderen Fahrzeugen am Horizont. Gegen Mittag vermischt sich der Rauch mit Sand, der vom aufkommenden Wind emporgewirbelt wird. Beides legt sich wie ein Schleier vor die hochstehende Sonne, ein dichter Nebel, durch den nur noch gelegentlich die Umrisse von Bergen und Tamarisken auszumachen sind.

Die Felsen sind alt und sehen zuweilen aus wie Wirbel, die aus dem Gebirgsrücken herausgebrochen sind. Im Ahaggar-Massiv, nicht mehr allzu weit entfernt von Tam, sind die Gipfel höher. Die Substanz der Berge hat hier größeren Widerstand geleistet. Aber selbst hier ist die Landschaft vor allem geprägt von der gewaltigen Kraft der Erosion. Meilenweit fährt man durch Scherbenwüste, auf der Suche nach den Überresten einer Wirklichkeit, die unwiederbringlich zertrümmert ist.

Ich schrecke zurück, als ich mein Gesicht im Spiegel sehe. Auch ich war ja den Kräften der Erosion ausgesetzt, die Berge zum Einsturz gebracht haben.

61

Tam ist der Mittelpunkt des südlichen Algeriens, eine internationale Stadt mit enger Verbindung zu den Nachbarstaaten Niger und Mali, mit Transitstraßen, Strömen von Flüchtlingen und geschmuggelter Ware. Jede europäische Wüstenexpedition, jeder Tourist kommt früher oder später nach Tam. Und alle verirren sie sich auf den Korridoren des Hotels Tahat. Der Architekt dieses Bauwerks scheint eine ausgeprägte Vorliebe für Symmetrien gehabt zu haben. Es gibt sechzehn absolut identische »Kreuzungen«, von denen absolut identische Flure in jeweils alle vier Himmelsrichtungen abgehen.

Als der Portier am Empfang mich ans Telefon ruft, sause ich durch das Labyrinth wie eine überreizte Ratte im Versuchslabor, bis ich endlich, nach Atem ringend, an der richtigen Stelle herauskomme. Am Telefon kann ich dann mein eigenes Schnaufen noch lauter hören, als Echo zurückgeworfen von den Relaisstationen in Durgla, Algiers und Paris. Der Widerhall übertönt die Stimme meiner Tochter, verzerrt sie zu einem unverständlichen Wispern. Es hat keinen Sinn. Überwältigt von meinem eigenen Echo, gebe ich auf.

Eine der Putzfrauen hat ein kleines Kind mitgebracht, das sie in der Besenkammer auf den Steinfußboden legt, bevor sie sich an die Arbeit macht. Das Kind schreit herzzerreißend von acht Uhr morgens bis in den späten Nachmittag. Am Ende ist es derart erschöpft, daß es nur noch ein erbärmliches Wimmern von sich gibt.

Würde irgendwo ein Erwachsener liegen und so schreien wie dieses Kind – wie lange wohl würde es dauern, bis jemand reagiert? Aber Kinder – Kinder schreien eben, wie jeder weiß. Alle scheinen zu denken, das sei ganz normal.

62

Im Rücken spürt man einen Verlust, während man vorne den Schein noch wahren kann. Das Gesicht betrachtet sich notfalls selbst. Im Nacken jedoch sitzt die Einsamkeit.

Unseren Bauch können wir umfassen und förmlich einrollen in uns. Der Rücken aber bleibt ungeschützt – und allein.

Das ist es, warum wir uns Sirenen und *djiuns* mit ausgehöhltem Rücken vorstellen – niemand schmiegt seinen warmen Bauch von hinten an sie an. Statt dessen bohrt dort die Einsamkeit.

Der Einsamkeit begegnet man nicht. Sie holt uns von hinten ein.

63

Joseph Conrad verlor seine Mutter mit sieben, seinen Vater mit elf. Von Polen war er nach Frankreich, von Frankreich nach England emigriert. Jedesmal wenn er das Land – oder später das Schiff – gewechselt hatte, drohte die Einsamkeit, mußte er neue Freunde finden.

Schließlich tauschte er die Einsamkeit des Seemanns gegen die Einsamkeit des Schriftstellers ein. Seine Frau war seine Haushälterin. Nähe und Bestätigung suchte er bei Freunden.

Einer seiner ältesten englischen Freunde namens Hope lebte in einem kleinen Dorf namens Stanford-Le-Hope. Frisch vermählt zog Conrad dorthin, um in der Nähe seines Freundes zu sein.

Marlow erzählt die Geschichte über Kurtz einem kleinen Kreis von Freunden. Ein Kreis, wie Conrad ihn sich ersehnt hat, ein Leben lang. 1898 glaubte er endlich, ihn gefunden zu haben.

Als er sich an seinen Schreibtisch setzt, um *Herz der Finsternis* zu schreiben, war er gerade von Stanford-Le-Hope nach Pent Farm in Kent umgezogen. Damit begab er sich gleichzeitig in einen Kreis von befreundeten Schriftstellern, die alle nahe beieinander wohnen. Sie alle sind anwesend und hören sich – wie unsichtbare Gäste – Marlows Geschichte an.

64

Ich habe mir einen Tisch besorgt, um meine Arbeit wieder aufnehmen zu können, doch der Staub, der in die Disketten dringt, wird zum großen Problem. Tamanrasset ist so trocken wie ein früher Frühlingstag in Peking. Die Stadt ist eingehüllt in eine riesige Wolke aus Staub, von trockenem Wind aufgewirbelt. Wie der Wind in Peking die Wüste Gobi mit sich bringt, weht dieser hier die Sahara heran. Es ist die Wüstenluft, die durch Libyen und Ägypten weht, von dort weiter durch den Iran, Beluchistan und Afghanistan hoch nach Sinkiang – und von da in die Weiten der Wüste Gobi hinein. Zig Millionen Quadratkilometer an Staub, die sich auf den Weg nach Tamanrasset gemacht haben, um sich hier auf meinen Disketten wieder zu versammeln.

Unaufhörlich ziehen Scharen von Tieren und Menschen durch das ausgetrocknete Flußbett, einer Art Hyde Park von Tam. Erschöpfte Kamele senken den Kopf und pusten in den Staub auf der Suche nach etwas Eßbarem, während die Ziegen sich mit Papierfetzen begnügen. Die Frauen tragen ihre Lasten nicht wie in In Salah auf den Hüften, sondern auf den Köpfen. Dazwischen toben die Jungen und wirbeln mit jedem Schritt eine Staubwolke auf.

Aber Tam hat auch eine Besonderheit. Tam hat eine Straße – wahrhaftig, eine geteerte Straße, auf der man das Flußbett bequem überqueren könnte und auf der anderen Seite noch mit glänzenden Schuhen ankommen würde. Doch diese Straße ist für die Armee reserviert.

Ein Offizier beschreitet sie auf dem Weg zur Post, eskortiert von einer Vierer-Truppe in weißen Schnürstiefeln und weißen Helmen, die Kinnriemen unter der Nase. Vor dem Postamt marschiert die Eskorte auf der Stelle, während der Offizier an den Wartenden vorbei zum Schalter geht, eine Briefmarke verlangt und auf sein Schreiben klebt. Dann sechs Schritte vorwärts und noch einmal auf der Stelle getreten, während der Offizier den Brief in den Kasten steckt, um dann mit einem Ausdruck feierlicher Zufriedenheit zurückzumarschieren.

65

Im Schaufenster des Friseurs hängt ein Poster von Elvis und eines vom nationalen Fußballteam. Ich lese in einem Buch von H.G. Wells und höre algerisches Radio, bis ich an der Reihe bin.

Danach gehe ich langsam zurück zum Hotel, im Zickzack zwischen den Schatten hindurch. Ich denke, ich weiß, wie es weitergehen muß.

Conrad war, als er *Herz der Finsternis* schrieb, nicht nur beeinflußt von der Debatte um den Kongo, von Kitcheners Rückkehr und anderen Tagesereignissen. Er war auch beeinflußt von einer literarischen Welt, einer Welt der Worte, innerhalb derer er Kipling als Rivalen und Gegenpol betrachtete, während er andere sehr schätzte: Henry James, Stephen Crane, Ford Madox Ford und, vor allem, Herbert George Wells und R.B. Cunningham Graham.[33]

DIE FREUNDE

66

Der Zeitreisende in Herbert George Wells Novelle *Die Zeitmaschine*, erschienen im Jahre 1895, nimmt uns mit in eine zukünftige Welt, in der sich die Menschheit gespalten hat in zwei konkurrierende Spezies: die schwächlichen Blumenkinder der Oberwelt, »Eloi« genannt, und die »Morlocks«, die düsteren Kreaturen der Unterwelt.

Es ist, als hätten sich Dr. Jekyll und Mr. Hyde fortgepflanzt und zwei gegensätzliche Familien gegründet, die nun die Zukunft bevölkern. Als hätten das Ich und das Über-Ich sich jeweils selbständig gemacht, um Geschöpfe nach ihrem Ebenbild zu schaffen. Als hätte man die Arbeiterschichten des »finstersten Englands« unter die Erde verbannt, wo sie zu einer völlig neuen Gattung mutierten. Als hätten die Einwohner des »finstersten Afrikas« ihr Untergrunddasein im seinerzeitigen »Herzen des Britischen Empires« fortgesetzt. Wobei die letzte der möglichen Interpretationen jene ist, die die Geschichte vorwärts bringt: Die Morlocks erweisen sich als Kannibalen, und sie haben die Macht. Die Geschöpfe an der Oberfläche sind bloßes Schlachtvieh, das von den Kannibalen der Unterwelt gefangen, getötet und gefressen wird.

Haß und Angst erfaßt den Zeitreisenden. Er entschließt sich, die Morlocks umzubringen. Er will geradewegs in die Dunkelheit hinab, »um die Bestien auszurotten«.

H.G. Wells beschreibt das Töten entsetzlich und sinnlich zugleich. In der Dunkelheit sitzend, schläft der Zeitreisende ein. Als er wieder erwacht, hocken die Morlocks auf ihm, sanft und widerwärtig. Voller Ekel schüttelt er die »menschlichen Ratten« ab und beginnt, sie zu töten. Wie sehr genießt er dabei das Gefühl, wenn sein Metallrohr auf saftiges Fleisch eindrischt, wie sehr befriedigt ihn das Geräusch von Knochen, die dabei zerbersten …

67

Herbert Spencer war noch der führende Philosoph jener Zeit, ein Denker, der als Kind sehr streng erzogen worden war. Er vermutete in den Prinzipien der »Schwarzen Pädagogik« den Schlüssel zum Geheimnis des Lebens. Alle Lebewesen würden durch Bestrafung dazu gezwungen, sich weiterzuentwickeln. Die Natur erweise sich als eine Art gigantische Besserungsanstalt, in der Ignoranz und Inkompetenz seit jeher mit Armut, Krankheit und Tod bestraft würden.

So gesehen ist die Zeitmaschine ein Experiment auf der Grundlage von Spencers Evolutionstheorie. Wells Novelle zeigt, wie die Geschöpfe, auf die der Zeitreisende trifft, gleichsam »Selbstmord begehen«, als sie den Schmerz reduzieren wollen, der gemäß dieser Theorie der Ursprung von Intelligenz und Evolution ist.

Das nächste Buch von H. G. Wells, von dem wir ebenfalls wissen, daß Conrad es gelesen hat, erschien im Jahre 1896 und trägt den Titel: *Doktor Moreaus Insel*. Es zeigt gewissermaßen die gegenteilige Variante: Verstärkung des Schmerzes und dadurch Beschleunigung der Evolution.

Dr. Moreau benutzt seine chirurgischen Fertigkeiten, um aus Tieren eine Art menschlicher Wesen zu schaffen. Dabei quält er die Tiere in einem Maße, daß der Schmerz die Geschwindigkeit des Evolutionsprozesses erhöht: »Jedesmal, wenn ich ein lebendes Geschöpf ins Bad des brennenden Schmerzes tauche, sage ich mir: Diesmal will ich das Tier ganz auslöschen, diesmal will ich ein vernünftiges Wesen schaffen. Was sind schließlich zehn Jahre? Am Menschen ist hunderttausend Jahre lang geschaffen worden.«

Hundertzwanzig Kreaturen hat Dr. Moreau auf diese Weise erschaffen, von denen die Hälfte schon tot ist. Ein wirklich menschliches Wesen zu schaffen, ist ihm nicht gelungen. Sobald nämlich der Doktor die Kreaturen sich selbst überläßt, fallen sie in ihre ursprüngliche Bestialität zurück. Die ungezähmte Wildheit seiner Geschöpfe zeigt sich vor allem nachts, in der Dunkelheit. Eines Nachts gelingt es dem Puma, sich zu befreien und seinen Peiniger umzubringen. Die Monster schließen sich zusammen und reißen die Herrschaft über die Insel an sich. Der Erzähler beschreibt, wie ihnen das Fell wieder zu wachsen beginnt, die Stirn flacher wird, sie wieder zu Vierbeinern werden und brummen und knurren, statt artikuliert zu sprechen.

Nachdem er sich selbst gerettet hat und in die Zivilisation zurückgekehrt ist, erlebt der Erzähler dasselbe auch dort. Menschliche Wesen werden gequält – Tiere, die bald wieder auf allen Vieren gehen. Er geht und sucht die Einsamkeit unter den Sternen. »Nur hier, unter dem Sternenhimmel, kann jener Teil von uns, der mehr ist als ein Tier, Trost, Halt und Hoffnung finden. So endet denn meine Geschichte in Hoffnung und in Einsamkeit.«

The Island of Doctor Moreau kann als Geschichte des Kolonialismus gelesen werden. Wie der Kolonisator die »niederen, animalischen Rassen« mit der Peitsche zivilisiert, so zivilisiert Dr. Moreau seine Tiere durch Quälereien. Wie der Kolonisator versucht, eine neue Kreatur in Gestalt des »zivilisierten Wilden« zu erschaffen, hält sich Dr. Moreau für den Schöpfer vermenschlichter Tiere. Das Mittel heißt in beiden Fällen: Terror. Und wie Kurtz so verlangt auch Dr. Moreau von seinen Geschöpfen, ihn zu verehren wie einen Gott.

68

Im Mai 1896 rezensiert Wells die Erzählung Der Verdammte der Inseln, in der Conrad seine Kritik am Kolonialismus zusammengefaßt hat im Bild von den »unsichtbaren Weißen«, die töten, ohne überhaupt anwesend zu sein. Und möglicherweise hat Conrad ihn damit seinerseits zu einer Erzählung über den Kolonialismus inspiriert: 1897 erschien von Wells *Der Unsichtbare*.

Es ist die Geschichte von Kemp, einem Mann, dem das Experiment gelingt, sich unsichtbar zu machen, allerdings mit zweifelhaftem Erfolg, denn er weiß nicht, wie er die Sichtbarkeit zurückerlangen kann. Während er zunächst ziemlich verzweifelt ist, erkennt er schon bald die Möglichkeiten, die sich ihm bieten. Da niemand ihn sieht, kann er jedes Verbrechen begehen, ohne dafür bestraft zu werden. Niemand vermag ihn davon abzuhalten, jemanden zu töten, der sich seiner Herrschaft widersetzt. Die Unsichtbarkeit hat ihn zum Unmenschen gemacht. »Er ist verrückt«, sagte Kemp. »Ein Unmensch. Er ist die Inkarnation der Selbstherrlichkeit.«

Von »Inkarnation der Selbstherrlichkeit« sprach auch Conrad in einem Brief an seinen Verleger, in dem er diesem das zentrale Thema seiner Novelle *Herz der Finsternis* erläuterte.

Unsichtbar sind die Männer, die in der Ferne der Kolonien die Zivilisation repräsentieren, nicht nur in dem Sinne, daß sie mit ihren Gewehren aus weiter Entfernung zu töten vermögen, sondern auch, weil zu Hause niemand weiß, was sie wirklich tun.

Abgeschnitten von ihrem Herkunftsland durch die enormen Entfernungen, den undurchdringlichen Dschungel und eine fast unmögliche Kommunikation, üben sie ihre Macht ohne jede Kontrolle aus.

Bereits im Sommer 1896 hatte Charles Dilke dieses Problem in seinem Aufsatz »Civilization in Africa« zur Sprache gebracht und eine Diskussion ausgelöst, in die sich 1897 auch die *Times* einschaltete – mit gleich mehreren Artikeln aus der Feder von Benjamin Kidd. Dessen Artikel erschienen ein Jahr später unter dem Titel *Control of the Tropics* als Buch. Wells hatte, wie gewöhnlich, ein aktuelles Thema der öffentlichen Diskussion zum Gegenstand seiner Novelle gemacht.

Joseph Conrad hatte das Problem, unmittelbar nachdem er den Artikel von Dilke gelesen hatte, in seiner Erzählung *Ein Vorposten des Fortschritts* verarbeitet; jener Erzählung über die beiden Schurken, die immer unmenschlicher werden, als sie sich der gesellschaftlichen Kontrolle entzogen haben.

Am 17. November 1898 bittet er Wells um ein neues Exemplar von *Der Unsichtbare*; er habe sein eigenes verlegt, so schreibt er. Am 4. Dezember dankt er Wells und lobt sein Buch in höchsten Tönen. In einem Weihnachtsbrief wenig später drängt er seine junge Nichte Aniela Zagórska, es sofort zu lesen.

Der Unsichtbare war eines jener Bücher, die Conrad gerade gelesen hatte, als er sich an die Niederschrift der Geschichte über Kurtz machte.

69

Der Brief an Aniela Zagórska erwähnt auch Wells neuestes Buch: *Krieg der Welten*, ein Werk, das dessen Kritik am Kolonialismus auf noch schärfere Weise zum Ausdruck bringt – möglicherweise, da es im Jahr des Thronjubiläums geschrieben wurde, zu der Zeit, als das britische Empire sich in orgiastischer Selbstverherrlichung verlor.

In Wells' Novelle wird London von einer außerirdischen »Herrenrasse« heimgesucht. Die »Martians« haben in ewiger Kälte gelebt, die ihren Verstand geschärft und sie in die Lage versetzt hat, Raumschiffe und Todesstrahlen zu entwickeln. Nach und nach hüllen die Martians London in eine Wolke aus schwarzem Gas, in eine undurchdringbare, todbringende Finsternis.

Die Geschichte arbeitet mit Begriffen, die auch in Conrads *Herz der Finsternis* metaphorischen Charakter haben: »Finsternis«, »Schwärze«, »Auslöschung«, »Bestien«, »Schrecken«.

Die Waffen der Martians töten »wie eine unsichtbare Hand«. Sie sind denen der Briten überlegen, wie die der Briten den Waffen der Farbigen überlegen sind. Und wie die Briten sich selbst das Recht herausnehmen, die Gebiete sogenannter »niederer Rassen« zu erobern, glauben sich die Martians im Recht, den Menschen die Erde zu entreißen, da sie diese lediglich für eine niedere Gattung von Tieren halten. Wells schreibt:

»Bevor wir allzu hart über sie urteilen, sollten wir uns vor Augen führen, welch unbarmherzige und vollkommene Zerstörung unsere eigene Spezies schon zustande gebracht hat, nicht nur im Tierreich bei den Bisons und den Dodos, nein, auch innerhalb der eigenen Gattung.

Die Tasmanier, zum Beispiel, wurden, ungeachtet ihrer menschlichen Gestalt, durch einen von europäischen Einwanderern angezettelten Krieg innerhalb von fünfzig Jahren nahezu ausgerottet.

Woher also nehmen wir uns das Recht, uns als Apostel der Barmherzigkeit darzustellen und uns zu beklagen, wenn die Martians im nämlichen unseligen Geiste handeln?«

Mit Ausnahme einiger weniger, die verloren umherirren, sind die Menschen rund um London binnen kurzem ausgerottet. Einen der letzten Überlebenden trifft der Erzähler nahe Putney Hill. Dieser schlägt vor, daß sich in Zukunft Leben und Widerstand in den Abwässerkanälen abspielen sollten. Das Risiko sei, daß die Menschen »verwildern«, zu übergroßen Ratten degenerieren könnten. Es ist eine extreme Situation, die nach extremen Lösungen verlangt: »Schwache und Dumme können wir nicht gebrauchen. Die Nutzlosen, Schwerfälligen und Schädlichen müssen sterben. Sie sollten sterben. Sie sollten selbst einsehen, daß sie sterben müssen. Es ist schließlich eine Form der Illoyalität, weiter zu leben und damit die ganze Gattung zu besudeln.«

Adolf Hitler war, als diese Sätze geschrieben wurden, erst acht Jahre alt.

Im Jahr 1897, als Wells seine Novelle verfaßte, wurden auch die Erreger der Malaria entdeckt. Die Krankheit war für die indigene Bevölkerung bis dahin der beste Schutz gegen ihre weißen Eroberer gewesen. In Wells' Novelle schützt das Bakterium die Menschen gegen die Martians. Den Martians gelingt es, die ganze Welt zu erobern, um schließlich Opfer dieser kleinsten und unscheinbarsten Lebensformen zu werden.

Nur weil wir einmal erfolgreich waren, warnt Wells, sollten wir nicht meinen, daß uns zwangsläufig auch die Zukunft gehört. »Für

jedes, aber auch wirklich jedes überlegene Tier, das diese Welt bevölkert hat, bedeutete die Stunde der totalen Herrschaft zugleich
den Anfang seines kompletten Untergangs.«

70

H.G. Wells hatte Biologie und Paläontologie bei Thomas Huxley
studiert. Seine populärwissenschaftlichen Artikel belegen ein aus-
geprägtes Interesse am Artensterben. Sein Aufsatz »On Extinction«
war 1893 erschienen. Wells widmete sich darin dem »traurigsten
Kapitel der biologischen Wissenschaft«, indem er das langsame,
unerbittliche Aussterben des Lebens beschreibt.[34]

In den endlosen Gängen geologischer Museen finden sich Zeugnisse diese Prozesses – eingeschrieben in Stein. Ein Beispiel: der
Atlantosaurus. Sei es aufgrund einer Klimaveränderung, sei es infolge von Krankheiten oder wegen natürlicher Feinde – diese titani-
schen Reptilien verschwanden allmählich und starben schließlich
völlig aus. Abgesehen von dem Rätsel um ihre weit verstreut liegen-
den Knochen ist es, als hätten sie niemals gelebt.

Die paläontologischen Archive sind bis oben hin voll mit Berichten über das Aussterben von Lebensformen. Ganze Sippen und
Arten gingen unter, ohne auch nur den geringsten Einfluß auf die
Fauna der Erde genommen zu haben. Viele Versteinerungen tragen
den Vermerk: »Von zweifelhafter Zuordnung« – Kein Lebewesen
hat etwas mit der versteinerten Kreatur gemeinsam. Eher weisen
die steingewordenen Wesen auf eine schattenhafte Unterwelt hin,
die sich der zoologischen Forschung entzieht. Zeichen, die in eine
undurchdringbare Dunkelheit weisen, aber nichts von sich preisge-
ben, außer dem einen Wort: Ausrottung.

Auch in der heutigen Welt sind die Kräfte der Vernichtung am
Werk. Rund um den Globus hat die Menschheit in den letzten ein-
hundert Jahren eine Tierart nach der anderen zum Aussterben verurteilt.

Die Ausrottung der Bisons gelang rasch und nahezu komplett.

Die Grönlandwale und viele andere Tiere sehen demselben grausamen Schicksal entgegen. Ihre Situation, schreibt Wells, liege jenseits unserer Vorstellungskraft. Für uns sei die Erde voller Wärme durch das menschliche Leben auf ihr, und so stellen wir uns auch die Zukunft vor. Das Schrecklichste, was unsereins sich vorstellen kann, ist eine verwüstete Erde, auf der das letzte menschliche Wesen, ganz und gar allein, seiner Auslöschung entgegenstarrt.

71

Die Luft in dem großen Kaufhaus ist trocken. Das Atmen bereitet mir immer größere Mühe. Man bringt mich in das Inhalationszimmer, wo die Luft so feucht wie in einem Gewächshaus ist, weich und wohltuend für die Lungen. Schon nach weniger als einer Minute fühle ich mich wiederhergestellt. Doch sobald ich wieder draußen, in der trockenen Luft des Warenhauses stehe, ringe ich erneut nach Luft und eile zurück in das Zimmer zur Inhalation. Das aber hat sich in den Augenblicken, seitdem ich es verlassen habe, vollkommen verwandelt. Es ist leer. Kein menschliches Wesen, kein Mobiliar, nichts.

»Verzeihung, ich suche das Inhalationszimmer«, sage ich.

»Sie haben sich verlaufen«, kommt die Antwort aus einem unsichtbaren Lautsprecher. »Hier ist das Annullationszimmer.«

»Ich verstehe nicht.«

»Das hier ist etwas anderes, mein Herr«, erläutert die Stimme in kalter Sachlichkeit. »Hier werden Sie annulliert.«

»Wie bitte?«

»Dies ist die Vernichtungskammer. Hier endet alles Leben. Hier ist das Aus.«

Wie in Zeitlupe explodieren die Worte in mir. Wie Fallschirme entfalten sich ihre Bedeutungen, und langsam, ganz langsam dringen sie in meinen Verstand, bis ich mit einem Schlag begreife: Das Ende ist da. Ich bin nicht mehr.

72

Im April 1897, Wells schreibt gerade an der Erzählung *Der Krieg der Welten*, veröffentlicht der *Social-Democrat* eine Geschichte, die geprägt ist von derselben bitteren Ironie, demselben rebellischen Pessimismus. Sie trägt den Titel:»Bloody Niggers«. Warum hat Gott die Menschen geschaffen? War es Nachlässigkeit oder Boshaftigkeit? Wir wissen es nicht. Aber sei es wie es will – der Mensch existiert, schwarz, weiß, rot und gelb.

In ferner Vergangenheit lebten und kämpften die Assyrer, die Babylonier, die Ägypter; Gott aber hatte anderes, vermeintlich besseres, im Sinn. So traten denn die Griechen und Römer aus der Dunkelheit der Barbarei und machten den Weg frei für jenes Volk, das von Anbeginn auserwählt schien, über die Menschheit zu herrschen: die Briten,»beschränkte Insulaner, getauft mit Nebel, eingeengt durch ihre Insellage, gemästet durch Wohlstand und Glück«.

In Afrika, Australien, Amerika und auf Tausenden der Inseln in der Südsee leben niedrigere Rassen. Sie mögen unterschiedliche Namen und Verhaltensweisen haben, sie sind doch allesamt»Nigger«,»verdammte Nigger«. Auch die Finnen und die Basken und wie sie alle heißen sind im Grunde nichts wert, verkörpern nur eine Art europäischer Nigger,»vom Schicksal zum Aussterben vorherbestimmt«.

Nigger bleibt Nigger, welche Hautfarbe er auch haben mag. Der Archetypus des Niggers freilich findet sich in Afrika. Oh, Afrika! Der Herrgott muß in wirklich miserabler Verfassung gewesen sein, als Er diesen Kontinent schuf. Warum sonst hätte Er ihn mit Menschen bevölkern sollen, die vom ersten Tag an dazu verdammt waren, durch Völker eines anderen Kontinents verdrängt zu werden? Wäre es da nicht besser gewesen, die Nigger gleich weiß zu machen, so daß daraus mit etwas Glück ordentliche Engländer hätten werden können, anstatt diesen das Problem ihrer Ausrottung aufzuhalsen?

Nigger haben keine Waffen, also auch keine Rechte. Ihr Land gehört uns. Ihre Hütten und ihre Felder, ihre Gerätschaften und an-

deren Besitztümer gehören uns. Auch ihre Frauen gehören uns, sind
geboren, um unsere Konkubinen zu sein, von uns gevögelt und ver-
prügelt, mit Syphilis und Kindern zurückgelassen zu werden, um
die »niedrigste aller Erniedrigungen« kennenzulernen.

Unsere Bischöfe rufen den Himmel um Gnade an, wenn die Ar-
menier von den Türken angegriffen werden. Kein Wort aber hört
man von ihnen über die Verbrechen, die unsere eigenen Landsleute
verüben. Das heuchlerische britische Herz schlägt für alle, nur
nicht für jene, die das britische Königreich selbst ins Verderben
stürzt. Ein Gott, der Menschen wie uns erschaffen hat, muß er nicht
verrückt gewesen sein?

73

Autor dieses Artikels war der schottische Aristokrat und Sozialist
R.B. Cunningham Graham, der nach einem abenteuerlichen Leben
in Südamerika zurückgekehrt war in das Land seiner Kindheit, um
dort eine neue Karriere als Politiker und Schriftsteller zu beginnen.

Wenige Monate, nachdem sein Aufsatz »Bloody Niggers« veröffentlicht worden war, las Graham *Ein Vorposten des Fortschritts* und
erkannte seine Geistesverwandtschaft zu Conrad in dessen Imperia-
lismuskritik und seinem Abscheu gegenüber der allgegenwärtigen
Heuchelei. Er schreibt Conrad und eröffnet damit eine Korrespon-
denz von seltener Ernsthaftigkeit, Intimität und Intensität. Graham
wird Conrads engster Freund. Die beiden lesen die Werke des jeweils
anderen und unterstützen sich gegenseitig mit Lob. Als Conrad im
Juni 1898 Grahams »Bloody Niggers« liest, dessen Erstveröffentlichung zu diesem Zeitpunkt bereits mehr als ein Jahr zurückliegt,
reagiert er heftiger als gewöhnlich.

Ein guter Artikel, schreibt er. Ein sehr guter, allerdings … (an
dieser Stelle wechselt er ins Französische) … allerdings, mein Lieber, du drohst dich zu verzetteln, deine Gedanken schwirren umher
wie orientierungslose Ritter, die besser daran täten, sich zusam-
menzuschließen und geschlossen in die Schlacht zu ziehen.

»Außerdem, was bringt es, mein Freund, vor denen zu predigen, die schon gläubig sind?« fährt Conrad fort. »Ach was, Ehre, Gerechtigkeit, Mitgefühl und Freiheit haben nichts mit Glauben zu tun. Es gibt nur Menschen ohne Verständnis und ohne Gefühl. Menschen, die sich berauschen an Worten, an der Wiederholung von Worten. Menschen, die diese Worte in die Welt hinausschreien und tatsächlich glauben, sie wüßten, wovon sie sprechen. Aber das einzige, wovon sie wirklich eine Vorstellung haben und woran sie wirklich glauben, ist Profit, persönlicher Vorteil, also die Befriedigung ihrer eigenen, egoistischen Bedürfnisse.«

Conrad wiederholt hier seine Sprachkritik vom Sommer 1896 – große Worte seien nicht mehr als bloßer Schall – und spitzt sie in einem Ausdruck der Verzweiflung zu: »Worte verfliegen, und nichts von ihnen bleibt. Absolut nichts, mein lieber, gutgläubiger Illusionist. Absolut nichts. Einen Augenblick lang leben sie und atmen sie, aber nichts von ihnen überlebt – außer einem Körnchen Staub, einem kalten, toten Stückchen Schmutz, hinausgeschleudert in das dunkle All und dort sich drehend um eine Sonne, die längst erloschen ist. Nichts sonst, mein Lieber. Kein Gedanke, kein Laut, kein Gefühl. Nichts.«

74

Für Conrad ist Graham ein »homme de foi«, ein gutgläubiger Mensch. Er selbst konnte und wollte nichts anfangen mit Grahams sozialistischen Utopien, mit Politik ganz allgemein.

Er war und blieb der Sohn seines Vaters. Er wußte, wohin die Politik führte. Seine Mutter hatte sie umgebracht, seinen Vater gebrochen, ihn selbst zum Waisen gemacht und ins Exil getrieben.

Mochte Graham mit seiner eindeutigen Staatsbürgerschaft sich mit Politik beschäftigen. Conrad, als Schriftsteller im Exil, konnte es nicht. Freilich bewunderte, ja, liebte er an Graham die politische Überzeugungen seines Vaters. Zugleich aber haßte er sie und konnte ihnen nicht verzeihen, was sie seinem Vater angetan hatten.

Und heute? Wen könnte man heute als »homme de foi« bezeichnen? Die Gattung scheint ausgestorben. Grahams Probleme sind zwar dieselben geblieben, sie sind, ebenso wie seine Verzweiflung, überall präsent. Einzig sein Glaube und seine Hoffnung fehlen uns.

75

Am 1. Dezember 1898 las Conrad Grahams soeben veröffentlichte Reisebeschreibung *Mogreb-al-Acksa*. Drei Tage später schreibt er an Grahams Mutter: »Es ist *das* Reisebuch dieses Jahrhunderts. Es gibt nichts vergleichbares seit Burtons *Mecca*.« Am 9. Dezember schreibt er Graham selbst: »Die Einzigartigkeit dieses Werks überträgt sich auf den Leser von den ersten Seiten an. Es hat alles: Kunstfertigkeit und Pathos, Geist, Humor, Empörung (...). Mehr als genug, so sollte man meinen, um es zu einem Erfolg werden zu lassen. Aber wer weiß – vielleicht ist das Buch *zu* gut.«

Grahams Buch war eines der letzten, die Conrad las, bevor er sich am 18. Dezember an die Niederschrift von *Herz der Finsternis* macht.

Der Erzähler in *Mogreb-el-Acksa* – eine Art literarisches Pendant zu Conrads Seemann Marlow – spricht zu einem kleinen Kreis von Männern, die Pfeife rauchend um ein Lagerfeuer kauern.

Er berichte lediglich, was er gesehen habe, so beteuert der Erzähler, ohne tiefere Absicht und ohne moralische Mission. Auch wolle er nicht seine Meinung über das Schicksal des angelsächsischen Volkes, zur Ausbreitung des christlichen Glaubens oder der Ausweitung des Handels in der Ferne Afrikas kundtun. Und in der Tat, dieser Erzähler berichtet so behutsam und distanziert wie Marlow am Anfang von *Herz der Finsternis*.

Er befindet sich auf dem Weg nach Taroudant. Wie Marlow fährt er zunächst auf dem Schiff an der Küste Afrikas entlang. Er denkt über »den Orient« und »den Osten« nach – Begriffe, die zu jener Zeit für die gesamte nichteuropäische Welt standen.

»In meinen Augen sind die Europäer ein Fluch für den Osten. Was bringen sie denn, was es wert wäre, gebracht zu werden? Gewehre, Schnaps, Schießpulver, allzu oft unfaire Geschäfte und schäbige Klamotten, die, obwohl schlecht gewoben, doch imstande sind, jene Stoffe zu verdrängen, die die Frauen dort weben; sie wecken neue Wünsche, neue Vorstellungen und sehr viel Unzufriedenheit mit allem, was bis dahin ihre Welt ausgemacht hat, (...) das sind die Segnungen, die von den Europäern in die östlichen Länder gebracht werden.«

Die herrschenden Klassen in Marokko »durchschauten die Forderungen nach besserer Verwaltung, mehr Fortschritt und höherer Moral, nebst den übrigen üblichen Heilsversprechen, mit denen sich die christlichen Mächte für gewöhnlich an die schwächeren Nationen wenden, sobald sie eine Annexion ihrer Länder ins Auge gefaßt haben.« Einige Gebiete sind bereits in fremder Hand, was den »Marokkanern in etwa so gefällt, wie uns die Okkupation der Isle of Wight durch die Russen gefallen sollte«, schreibt Graham.[35]

Selbst ein so bescheidener Versuch, Europa aus der Sicht der Unterworfenen zu betrachten, war im letzten Jahrzehnt des 19. Jahrhunderts derart selten und provozierend, daß er Grahams Ruf und Ansehen als Schriftsteller entscheidend prägte. Es ist im übrigen dieselbe erzählerische Haltung, wie sie auch Conrad in *Ein Vorposten des Fortschritts* eingenommen hatte und wie er sie wiederum Marlow in *Herz der Finsternis* einnehmen lassen wird.

Für Conrad war Grahams Erzählung natürlich mehr als nur die Geschichte über einen westlichen Reisenden, der sich immer tiefer in das unbekannte und gefährliche Afrika hineinwagt. Für ihn war es die Wiederbegegnung mit eigenen Erfahrungen. Hinter den Worten des Freundes standen seine eigenen Worte; die Geschichte des Freundes war eine, die er selbst genauso hätte schreiben können, in demselben Geist, mit seinem Freund als stillem Adressat.

76

Erheblich stärker hatte Graham seine Kritik an der europäischen Einflußnahme auf »den Orient« wenige Monate vorher in *Higgin-*

son's Dream artikuliert, einer Erzählung, die Conrad im September 1898 Korrektur las. »Exzellent«, urteilte Conrad in einem Brief an Grahams Mutter vom 16. Oktober des Jahres. »Schlicht zu gut, als daß ich mir anmaßen wollte, es mit einem meiner eigenen Werke zu vergleichen. Gleichwohl schmeichelt es mir, daß Sie einige Parallelen gefunden haben. Und selbstverständlich empfinde ich uneingeschränkte Sympathie für seine Sicht der Dinge.«

Die Geschichte handelt von der letzten Schlacht um Teneriffa. Die Guanches werden von einer Seuche, im Volksmund *modorra* genannt, heimgesucht, der mehr Menschen zum Opfer fallen, als zuvor im Krieg ums Leben kamen. Das Land ist übersät mit Toten, als Alfonso de Lugo eine Frau trifft, die ihn fragt: »Wo gehst du hin, Christ? Weshalb zögerst du noch dieses Land einzunehmen? Die Guanches sind tot!«

Tatsächlich hatte es nicht mehr gebraucht als die Anwesenheit des weißen Mannes, bewaffnet mit Gewehr und Bibel, Schnaps, Baumwolle und einem Herz voll sogenannter Nächstenliebe, um die Menschen auszulöschen, die er von der Barbarei befreien wollte.

Es sei »scheinbar nicht zu vermeiden«, schreibt Graham, »daß unsere Bräuche dazu bestimmt sind, den sogenannten niederen Rassen den Tod zu bringen, die wir dazu zwingen, eine Periode zu überspringen, die zu durchleben uns selbst tausend Jahre gekostet hat.«[36]

Im Unterschied zu den meisten anderen Intellektuellen seiner Zeit spricht Graham bemerkenswerterweise von den »sogenannten niederen Rassen«. Ihm zufolge war der Tod der Farbigen eben gerade nicht die Folge einer biologisch angelegten Schwäche, sondern eine Folge dessen, was wir heute als Kulturschock bezeichnen: der Zwang, auf einmal fremde Gewohnheiten anzunehmen, sprich: Schnaps, Bibel, Waffen.

77

Im Herbst 1898 schreibt Conrad an seiner Novelle *Die Rettung*. Im Mittelpunkt steht ein ritterlicher Vertreter des Imperialismus, der sein Leben aufs Spiel setzt, um einem malayischen Freund zu helfen, der ihm einst das Leben gerettet hatte. Thematisch also geradezu die Umkehrung von *Herz der Finsternis*. Die Arbeit an der Erzählung gestaltet sich schwierig, wird für Conrad zur Qual, bringt ihn etliche Male an den Rand des Suizids. Die Geschichte ist nicht gerade seine beste. Der einzige Grund, sich an dieser Stelle mit ihr zu beschäftigen, ist eine Passage, in der Mr. Traver »mit einigem Nachdruck« folgende Formulierung wählt: »Sollte die niedere Rasse tatsächlich einmal zugrunde gehen, so ist das ein Gewinn, ein Schritt, der einer Vervollkommnung der Gesellschaft dient, mithin dem obersten Ziel der Entwicklung überhaupt.«

Diese Worte finden sich im dritten Teil des Buches, was bedeutet, daß Conrad sie etwa zur selben Zeit geschrieben haben muß, als er *Higginson's Dream* Korrektur las. Unverkennbar, daß beide Texte auf jene hinlänglich bekannte These anspielen, derzufolge die »niederen« Rassen dem »Fortschritt« geopfert werden müßten.

In Conrads Novelle werden die Worte der Figur des Mr. Traver zugeschrieben und unmittelbar in den Zusammenhang »aufziehender Dunkelheit« gestellt.

78

Das Leben hatte es gut gemeint mit Higginson. Er war wohlhabend und lebte auf Nouméa, einer Inselgruppe, die er einst »vom Barbarentum befreit« hatte.

Schon seine Jugend hatte er auf diesen Inseln verbracht, mit den Kindern der Eingeborenen gespielt, ihre Sprache gelernt und ihre Frauen geliebt, ja, eigentlich hatte er genau wie sie gelebt, ein Leben, das ihm als das Schönste überhaupt erschien. Müde vom Wohlstand, träumte er später oft davon, noch einmal in die kleine Bucht, unweit von Nouméa zurückzukehren, wo er in seiner Jugendzeit einen Freund namens Tean gehabt hatte.

Eines Tages, als ihm der Champagner schal vorkommt und die Halbwelt besonders vulgär, macht er sich auf den Weg. Doch der Ort, den er findet, gleicht in nichts mehr dem Ort in seiner Erinnerung. Er scheint verlassen. Higginson bahnt sich einen Weg durchs Unterholz, bis er zu einer Hütte gelangt, vor der ein Mann nach Jamswurzeln gräbt. Er fragt ihn:

»Wo ist schwarzer Mann?«

Sein Gegenüber stützt sich auf seine Hacke und erwidert: »Alle tot.«

»Wo ist Häuptling?«

»Häuptling – er tot.«

Conrad las diese Worte nicht nur als gewöhnlicher Leser. Er las sie als Korrektor der Geschichte seines engsten Freundes, einen, höchstens zwei Monate bevor er sie selbst in einer Geschichte verarbeitete. Worte, die später zum Motto in T. S. Eliots Gedicht *The Hollow Men* (1925) werden sollten: »Herr Kurtz – er tot.«

79

Im Inneren der Hütte findet er Tean, den Freund aus gemeinsamen Jugendtagen. Er liegt im Sterben. Ein seltsames Gespräch entwikkelt sich. Mit Hilfe von Bildern wie »Vogel«, »Maus« und »Regen« versucht Tean seinem früheren Freund zu erklären, was auf der Insel und mit ihm geschehen ist. Higginson reagiert auf die Gleichnisse wie auf eine greifbare, veränderbare Wirklichkeit, in der man einen Vogel abschießen und auf die Maus schlicht eine Katze ansetzen kann.

»Du verstehst nicht«, sagt Tean. »Egal. Ich sterben, John. Wie alle Schwarzen sterben. Keine schwarze Frau mehr mit Kind. Nur noch fünfzig Leute, nicht mehr fünfhundert. Wir alle sterben. Bald. Wir alle werden Rauch. Wir alle verschwinden, hoch in die Wolken. Schwarzer Mensch und weißer Mensch kann nicht zusammen leben.«

Das ist der Moment, in dem Higginson – wie Graham in *Bloody Niggers* – die Stimme gegen die Götter erhebt, den Fortschritt verdammt, die Ideen der Zivilisation verflucht; ein wütender Wortschwall in einem wilden Kauderwelsch, halb französisch, halb englisch, bricht aus ihm hervor, bis er sich schließlich verstört daran erinnert, daß er selbst es war, der hier die Straßen walzen und die Schächte der Bergwerke ausheben, der den Pier am Ufer des Meeres aufschütten und befestigen ließ. Daß niemand anderes als er selbst es war, der diese Insel für die sogenannte Zivilisation erschlossen hatte ...

Higginson ist, wie Kurtz, ein Kosmopolit, »halb Franzose, halb Engländer«. Ein Europäer also. Wie Kurtz verkörpert er einen Fortschritt, der Völkermord zur Folge hat.

Teil III

Nach Arlit

80

Wie weiter? Der Bus, der von Tamanrassat gen Süden fährt, endet
an der algerischen Grenze. Die nigerianischen fahren aber nur bis
Arlit – 280 Kilometer jenseits der Grenze. Eine Entfernung, die
man per Anhalter überbrücken muß. Deshalb sollte sich jeder, der
nicht an der Grenze festsitzen will, schon in Tam um eine Mitfahr-
gelegenheit kümmern.

Ich ergattere einen Platz auf einem Truck voll junger Australier,
die auf dem Weg nach Nairobi sind. Wir starten bei Tagesanbruch.
Die Polizei winkt uns durch, der Zoll läßt uns warten.

Kurz vor Mittag begeben die Herren sich zum Lunch, ohne uns
auch nur eines Blickes gewürdigt zu haben. Die Sonne sticht gnadenlos, das grelle Licht schmerzt im Kopf. Die Fahrzeugschlange
wird länger und länger, das Mittagessen der Zöllner dauert an. Fliegen schwirren um uns herum, die Verunsicherung wächst. Punkt
halb drei kommen die Zollbeamten zurück und lassen die Auto-
schlange ohne Kontrolle und ohne ein Wort der Erklärung auf einen
Schlag durch.

Vor uns liegen 400 Kilometer Wüste ohne jede Straße. 120 schaffen wir, bevor uns die Dunkelheit zum Anhalten zwingt. Die Nacht
ist still und sternenklar, ohne Mondschein und ohne Wind.

81

Als wir am anderen Morgen wieder aus unseren Schlafsäcken kriechen, finden wir uns auf einer offenbar selten befahrenen Piste. Nirgends frische Reifenspuren. Das kann von Vorteil sein, da der Sand nicht allzu aufgewühlt ist. Genauso kann es jedoch zum Nachteil werden, da man im Falle eines Motorschadens nicht auf fremde Hilfe hoffen kann. Klar, daß wir bei unserem Glück schon an diesem Morgen Ärger mit der Lichtmaschine haben und folglich die Batterien verbrauchen, ohne sie wieder aufladen zu können. Weiße Steine liegen wie Vogelmist verstreut im dunklen Sand. Das widerspricht der Hauptregel in der Wüste: Je heller, je leichter; je dunkler, desto schwerer.

Gegen elf Uhr treffen wir einen Tuareg, der uns in einem Landrover entgegenkommt. Eindringlich warnt er uns davor, unsere Reise fortzusetzen. Vor uns lägen Dünen, die für einen Truck wie diesen unpassierbar seien. Also ändern wir unsere Richtung und sind gegen Mittag zurück auf der »Hauptstraße«, zu erkennen an den tiefen und aufgewühlten Spuren.

Unter schmächtigen Tamarisken essen wir noch etwas, bevor wir uns aufmachen in die berüchtigten »Löwendünen«.

Überall in der Wüste liegen Autowracks herum, für alle Ewigkeit, weil sie ohne Feuchtigkeit nicht rosten. Die »Dünen der Löwen« allerdings erweisen sich als der reinste Autofriedhof. Für viele Leute ist es zum Sport geworden, eine Wüstendurchquerung mit normalen Straßenlimousinen zu versuchen. Eine Waghalsigkeit, die in den meisten Fällen hier ihr Ende findet.

Wind und Sand schmirgeln dann die Farbe von ihren Hinterlassenschaften ab. Am Ende bliebe nicht mehr als das blanke Metall, hätten die Wanderdünen die skelettierten Karosserien nicht ebenso sorgsam beerdigt, wie sie früher die Knochen verendeter Kamele unter sich begruben.

Zu Vivaldis »Vier Jahreszeiten« wühlen wir uns durch diese Landschaft. Symphonische Klänge, die in Abständen unterbrochen werden von Aufnahmen irgendwelcher drittklassiger Komödianten

— Typen jener Art, die ihr Publikum mit Anekdoten aus ihrer Kindheit entzücken, in der es nur dann warme Mahlzeiten gab, wenn ein reicher Bastard einen Furz gelassen hatte. Geschmacklosigkeiten, gewürzt mit einer Prise Intellektuellenhatz und Frauenfeindlichkeit.

Die Tänzer an Bord drehen die Musik bis zum Anschlag auf und steigern das Schaukeln und Schlingern des Trucks zwischen den sandigen Hügeln mit ihrer wilden Choreographie. Die Photographen halten ihre Kameras unablässig schußbereit, erleben die Wüste nur als Ausschnitt durch den Sucher.

Der Nachmittag vergeht ereignislos. Bei Gra-Ekar schlagen wir unser Lager auf. Eine skurrile, wie es scheint vulkanische Felsformation umgibt uns und erinnert mich an die gotländischen Stelen. Tief zerfurchte und rissige Brocken, porös wie Schwämme, dabei hart wie Metall und ganz offensichtlich widerstandsfähiger als alles, was sie je umgab.

82

Die Grenzstation bei In Guezzam hat einen schlechten Ruf. Unzählige Geschichten kursieren, die von diktatorischer Selbstherrlichkeit und immer neuen Einfällen zu berichten wissen, mit denen Zoll und Polizei hier Reisende zur Rückkehr nach Tam oder, noch besser, gleich nach Algiers zwingen. Andere sollen von morgens zehn, als der Grenzer sich auf den Weg zu seinem Mittagessen machte, bis nachmittags halb fünf, als der werte Beamte sich aus seiner Siesta zurückbequemte, in der sengenden Hitze gestanden und auf ihre Abfertigung gewartet haben.

Wir sind auf das Schlimmste vorbereitet. Ich ziehe mir einen dunklen Anzug mit sauberem weißen Hemd an, dazu eine Krawatte. Als einziger Französisch Sprechender an Bord bin ich beauftragt, mir ein angemessenes Thema für einen kleinen, begünstigenden Small-Talk auszudenken.

Ich sage ihnen also, daß es wohl kaum ein Vergnügen sein könne, hier draußen in In Guezzam zu hocken, abgeschnitten von der Welt,

nahezu schutzlos der Hitze, dem Staub und der Gefahr von Infektio-
nen durch die zahllosen Flüchtlingslager ausgesetzt, und das Ganze
für eine Zulage von gerade mal 31,5 Prozent, während jene, die im
vergleichsweise zentral gelegenen In Salah ihren Dienst versähen,
35 Prozent kassierten, mit der Begründung, sie seien zwar 1.100 Kilometer näher an Algier, dafür aber erheblich weiter von der Pro-
vinzhauptstadt Tam entfernt. Eine Ungerechtigkeit, ereifere ich
mich, die zum Himmel schreit.
Danach haben wir keine Schwierigkeiten mehr. Weder mit der
Polizei noch mit dem Zoll. Die Beamten machen Überstunden, um
uns noch vor dem Mittagessen abzufertigen.

83

Nach weiteren ein, zwei Stunden erscheinen Bäume am Horizont.
Assamaka. Nicht nur wegen des Schattens sehnt man sich so sehr
nach Bäumen in der Wüste, vielmehr auch, weil sie sich in die Höhe
recken. Wo die Erde flach ist, senkt sich der Himmel. Bäume heben
den Himmel, schaffen Raum.

Der Grenzpolizist hockt in einer Lehmhütte, deren Inneres eher
dem Schuppen eines Trödelhändlers gleicht: verbrauchte Reifen, ka-
putte Radios, staubige Lappen, vergilbte Zeitungen, zerbrochene
Tassen, die Hälfte eines Lampenschirms – und ein Knüppel.

Inmitten dieses Chaos stehen das Bett, in dem er schläft, der Tisch,
an dem er arbeitet, und ein Transistorradio, dem er aufmerksam
lauscht.

Seine Aufgabe ist es festzustellen, ob der Einreisende entweder
Geld im Gegenwert von 3.000 französischen Francs oder ein gülti-
ges Rückflugticket in seine Heimat dabei hat. Eine heikle Pflicht,
Menschen sagen zu müssen, sie seien zu arm, um in eines der ärm-
sten Länder der Welt einreisen zu dürfen. Er aber erfüllt diese
Pflicht mit Humor und gesundem Urteilsvermögen, freundlich und
flink, obwohl er noch nicht einmal über einen Taschenrechner ver-
fügt und jede Währungsumrechnung im Kopf machen muß.

Nur einen Steinwurf von seiner Hütte entfernt gibt es eine Bar, die erste seit Tam. Nigerisches Bier, so stellt sich heraus, kostet halb so viel wie algerisches, zudem sind die Flaschen doppelt so groß und in unbegrenzten Mengen vorrätig. Irgend jemand bestellt eine Runde, zwei Flaschen für jeden, und die Party beginnt. Man singt, man redet, man lacht, man rauft, man klatscht in die Hände zum Rhythmus der Musik. Als die Bar gegen Mitternacht schließt, stürmen achtzehn bierselige Wahnsinnige ihren Truck und fahren grölend und lachend, eine Flasche in jeder Hand, geradewegs in die Dunkelheit. Acht, sechzehn, vielleicht zwanzig Kilometer, dann halten sie an und feiern weiter – spielen Fangen in der Dunkelheit, kugeln sich im Sand, trinken, raufen, vögeln, giggeln, hicksen, kotzen bis sie nach und nach und wild im Sand verstreut für die letzten Stündchen dieser Nacht der Schlaf übermannt.

84

Ich erwache vom Flattern der Zeltplanen. Es klingt wie Peitschenschläge. Der Wind ist stärker geworden. Es ist gegen vier. Alles ist mit einer Sandschicht bedeckt, mein Schlafsack, meine Tasche, mein Notebook, mein Koffer, mein ganzer Körper. Die Augenlider kratzen wie Sandpapier auf meinen Augäpfeln. Die Luft ist zu dick, um sie einzuatmen. Ich schrecke auf. Ich muß weg hier. Raus aus meinem Schlafsack, bevor ich noch einmal einschlafe und vom Sand begraben werde. Ich robbe zum Zeltausgang und versuche, nach draußen zu schauen. Das Zelt bläst sich zu einem Ballon auf und droht für einen Augenblick förmlich vom Boden abzuheben. Vom Truck ist nichts mehr zu sehen. Alles ist im Sand verschwunden, nicht einmal der Strahl meiner Taschenlampe kommt gegen die dichten Wehen an.

Ich ziehe mich an und wickele den Schlafsack wie eine Decke um mich. Stunde um Stunde vergeht. Sand prasselt gegen das Zelt. Verrückte Satzfetzen und Wortkombinationen rasen durch meinen Kopf. Ost – West, daheim ist's am best'. Sei kein Hase, junger Mann. Hör' die Palmen rauschen, dir zu Füßen fällt die Zeit herab.

Mal versuche ich, mir einzureden, der Wind lasse nach; mal, er nehme zu. Auch der Tagesanbruch bringt keine Änderung. Die Luft ist nahezu undurchdringlich. Ich sitze, als wäre ich in sie eingemauert. Panik ergreift mich.

Mit dem Wasser aus meiner Reiseflasche spüle ich mir den Sand aus Mund und Nasenlöchern, so daß ich wenigstens etwas leichter atmen kann. Ich kann mich glücklich schätzen, diese paar Schluck Wasser bei mir zu haben. Siehst du nicht, wie es weniger wird? Was gäbe ich für ein Glas Mineralwasser.

Es ist gegen neun. Ich versuche mich zu erinnern, wo genau der verdammte Truck gestanden hat. Jeder, der schon einmal einen Sandsturm erlebt hat, weiß, daß es in Bodennähe am gefährlichsten ist. Dort zischt der schwere Sand wie ein fliegender Teppich entlang, und die leichteren Körnchen wirbeln umher. Nur der Staub fliegt höher. Sobald dieser Staub aber weggeblasen ist, ballt sich der Sand zu einer dicken, niedrig fliegenden Wolke zusammen, die nach obenhin wie abgeschnitten wirkt. Oft sieht man dann Kopf und Schultern eines Menschen aus dieser Sandwolke ragen wie aus einem dampfenden Bad. Wo gröbere Kiesel oder gar Steine liegen, kann die Wolke bis in eine Höhe von zwei Metern reichen; wo der Untergrund aus so feinem, losen Sand besteht wie hier, ist sie meist deutlich flacher.

Der hohe Truck könnte folglich meine Rettung sein. Wenn ich mich richtig erinnere, steht er kaum mehr als zehn Meter von mir entfernt. Höchstens zwanzig. Schaffe ich es, dort hinauf zu kommen, müßte mein Kopf über den Sandwolken sein und ich bekäme wieder halbwegs Luft. Wahrscheinlich sind die anderen längst dort.

Was aber, wenn ich im Sandsturm daran vorbeilaufe? Und dann womöglich den Weg zurück nicht mehr finde? Jeder, der sich auskennt, warnt ausdrücklich davor, sich im Sandsturm irgendwohin auf den Weg zu machen: Bleib, wo du bist, bis der Sturm vorüber ist. Also bleibe ich. Bis ich auf einmal begreife, daß meine letzte Stunde geschlagen hat. Daß ich am Ende meines Weges angekommen bin – und hier sterben muß.

Ob einer in einem Bahnhofsklo an einer Überdosis Heroin kre-

piert oder mitten in der Sahara an einer Überdosis Wüstenromantik
zugrunde geht – es macht im Grunde keinen Unterschied, das eine
ist so dumm wie das andere.

85

»L'homme est entré sans bruit«, sagt Teilhard de Chardin über den
Beginn der Geschichte. Der Mensch habe die Bühne der Welt ohne
viel Aufhebens betreten – und ohne Ankündigung. Geräuschlos sei
er angekommen, ohne Erschütterung habe er sich erhoben.
Und wie tritt er ab? Auf dieselbe leise Art?

86

Der Tod war nicht enthalten in der Erziehung, die mir zuteil geworden ist. Weder in zwölf Jahren Schule, noch während der fünfzehn
folgenden an verschiedenen Universitäten hat mir jemand beige-
bracht, wie man als Mensch zu sterben hat. Es war, als sei der Tod
schlichtweg nicht vorgesehen.

Jetzt erst, im nachhinein, nachdem ich in Arlit angekommen bin
und ausgeschlafen habe, nachdem ich geduscht und alle Vorrats-
kammern in meinem Körper wieder mit Wasser aufgefüllt habe,
nachdem das Entsetzen, das mich gepackt hatte, seinen Griff wieder
gelockert hat, kommt es mir seltsam vor, daß der Tod nie erwähnt
wurde.

Der norwegische Philosoph Tönnesen war der Meinung, daß
jeder Gedanke an etwas anderes als den Tod ein Akt der Verdrängung sei. Gesellschaft, Kunst, Kultur, die ganze menschliche Zivilisation: nichts als Verdrängung, eine Art kollektiver Selbsttäuschung,
einzig und allein dazu angelegt, vergessen zu machen, daß wir nur
sicher sein können, mit jedem Augenblick dem Tode näher zu kommen.

Die einen kommen bereits nach wenigen Sekunden an, die anderen nach einigen Tagen, wieder andere erst nach Jahren – aber das mache im Grunde keinen Unterschied. Der Zeitpunkt sei letztlich egal; entscheidend sei, daß das Ende uns alle erwarte. Was also sollte ich tun in der mir verbleibenden Zeit? Tönnesen hätte geantwortet: »Nichts.« Ihm zufolge ist die Geburt gleichzusetzen mit dem Sprung von einem Wolkenkratzer. Aber das Leben ist nicht wie ein Sprung aus dem Wolkenkratzer. Es dauert nicht sieben Sekunden, es dauert sieben Jahrzehnte. Lange genug, um Erfahrungen zu sammeln und etwas Ordentliches zustande zu bringen.

Die Kürze des Lebens sollte uns weniger lähmen, als uns von oberflächlicher und zerstreuter Lebensweise abzuhalten. Die Aufgabe des Todes ist es, uns dem Wesentlichen näherzubringen.

Das war es, was ich spürte, als ich noch keine dreißig war und noch ein gutes Stück Weg zu den Pflastersteinen vor mir hatte. Zu diesem Zeitpunkt waren sie noch ganz weit weg. Inzwischen sehe ich sie nur allzu deutlich näher kommen und merke, wie es im Sturzflug abwärts geht.

Erst jetzt verstehe ich, wie groß die Lücke ist, die in meiner Erziehung klafft. Warum habe ich niemals das Sterben gelernt?

Cuviers Entdeckung

»Die weniger intelligenten Rassen müssen
ausgelöscht werden.«

87

Am 27. Januar des Jahres 1796 hielt der soeben erst in Paris an-
gekommene, 28 Jahre junge und äußerst ambitionierte Georges
Cuvier seine Antrittsvorlesung am neueröffneten »Institut National
de France«.

Cuvier war ein lebhafter und mitreißender Redner. Die Voraus-
setzungen dafür, sich einen Namen in der Welt der Wissenschaft zu
machen, waren günstig für einen wie ihn, zumal in Paris, wo Vorlesungen als gesellschaftliches Ereignis galten, zu denen das Publikum
in Scharen strömte – sofern auch nur etwas halbwegs Sensationelles
zu erwarten war.

Und Cuviers Vorlesung war sensationell. Er sprach über das Mam-
mut und das Mastodon. Erst kürzlich hatte man Überreste riesiger
elefantenähnlicher Tiere in Sibirien und Nordamerika gefunden.
Cuvier überraschte mit einer Theorie, wonach diese Riesen wider
alle Erwartungen nicht der Spezies des indischen oder afrikanischen
Elefanten angehörten, statt dessen eine eigenständige Gattung verkörperten, die aber zwischenzeitig ausgestorben sei.

88

Ausgestorben – die Zuhörer waren entsetzt. Das 18. Jahrhundert
lebte noch in dem festen Glauben, die Welt sei als fertiges Ganzes
erschaffen worden, nichts könne ihr hinzugefügt, vor allem aber:

nichts könne ihr je entrissen werden. Die Geschöpfe Gottes waren Geschöpfe der Ewigkeit und konnten deshalb auch nicht aus ihr verschwinden.

Was aber war dann die Erklärung für diese gigantischen Knochen und die seltsamen, tierähnlichen Steine, die den Menschen seit der Antike Kopfzerbrechen bereiteten? In der Tat hatten die Gelehrten den Gedanken, es könnte sich hier um Überreste ausgestorbener Tierarten handeln, lange Zeit ängstlich verdrängt.

»Wenn es so sein sollte, daß ein Glied aus der Kette der Natur verloren gehen kann«, schrieb der Präsident der Vereinigten Staaten von Amerika, Thomas Jefferson, im Jahre 1799, »so würde das doch zwangsläufig bedeuten, daß auch noch eines und noch eines verloren gehen und alles in Stücke zerfallen könnte.«[37]

89

Die bloße Vorstellung, es könnte Gattungen auf der Welt gegeben haben, die inzwischen ausgestorben sind, rief einen solchen Widerstand hervor, daß es mehr als hundert Jahre dauern sollte, bis der Gedanke sich durchsetzen konnte.

Fontanelle war es, der um das Jahr 1700 die Formulierung wagte, es könne möglicherweise Gattungen gegeben haben, die »verlorengegangen« seien. Als ob Mutter Natur sich irgendwann abgewandt und eines ihrer Kinder im Stich gelassen hätte. Ein halbes Jahrhundert später sprach Buffon in seiner »Theorie der Erde« von »verschwundenen« Gattungen. Als seien sie vom richtigen Weg abgekommen und hätten nicht mehr nach Hause zurückgefunden.[38]

Cuvier hingegen dachte nicht an irgendwelche ominösen Nachlässigkeiten der Natur. Er sprach von Gewalt, von einem Massaker. Für ihn waren die ausgestorbenen Gattungen weder verlorengegangen, noch verschwunden. Sie waren Geschöpfe, die vernichtet worden waren. Getötet, ermordet, nicht einzeln sondern en masse, durch wiederholte, gewaltige Katastrophen, die Cuvier – noch weitergehend – als »Revolutionen der Erde« bezeichnete. Das machte

Eindruck auf eine Zuhörerschaft, die soeben die französische Revolution erlebt hatte.

Unverkennbar zog der Bürger Cuvier mit seinen Ausführungen eine Parallele zwischen dem Terror der französischen Revolution – den das Publikum eben erst überlebt hatte, während ihm andere Familien vollständig zum Opfer gefallen waren – und einer Herrschaft des Terrors in fernster geologischer Vergangenheit. Ein Terror, dem offenbar einige der größten tierischen Lebewesen, die die Welt überhaupt je gesehen hatte, zum Opfer gefallen waren.

Und nicht genug damit, Cuvier wagte die Prophezeiung, auch die nachfolgenden Geschöpfe – jene, die den Platz der ausgestorbenen eingenommen haben – würden eines Tages selbst vernichtet werden, um wieder Platz für andere zu machen.

90

Cuviers Karriere verlief steil. Er wurde der Napoleon der französischen Wissenschaft, behielt aber, bedenkt man seine Macht und seinen Einfluß, eine ungewöhnliche Skepsis gegenüber allen Formen von Hierarchie. Der Glaube an eine Rangfolge der Kreaturen war in seinen Augen einer der größten wissenschaftlichen Irrtümer. In seinen *Vorlesungen zur vergleichenden Anatomie* schreibt er:

»Der Umstand, daß wir eine Gattung oder Familie über eine andere setzen, heißt nicht, daß wir sie zugleich für vollkommener oder für überlegener halten können gegenüber all den anderen, ihr nachgeordneten. Nur wer glaubt, die Lebewesen dieser Welt ließen sich in eine einzige lange Abfolge stellen, kann dergleichen Anmaßungen nachhängen.

Je weiter ich fortschreiten konnte in meinen Studien der Natur, desto sicherer bin ich in meiner Überzeugung, daß dies der am weitesten von der Wahrheit entfernte Gedanke ist, der je über die Entstehung und Entwicklung der Natur geäußert wurde. Es ist im Gegenteil unabdingbar, jedes Lebewesen und jede Gruppe von Lebewesen für sich zu betrachten ...«

Freilich könne man, so Cuvier, indem man ein bestimmtes, aus seinem körperlichen Zusammenhang herausgelöstes Organ betrachte, in der Tat ganze Abfolgen von einfacheren zu deutlich komplexeren, auch perfekteren Formen konstatieren. Gleichwohl beziehe sich jede auf diese Weise aufgestellte Hierarchie einzig und allein auf eben dieses entnommene und isolierte Organ.

Anstelle des Modells von einer Rangfolge schlug Cuvier das Bild eines »Netzes« vor, um die zahllosen Verbindungen und verwandtschaftlichen Ähnlichkeiten zwischen den Lebewesen darzustellen. Ein so treffliches wie folgenreiches Bild. Denn auch ein Netz braucht eine Ordnung. Daß diese Ordnung letztlich auf der Willkür des Wissenschaftlers beruhte – darüber war Cuvier sich im klaren. Dennoch war der Gedanke an eine irgend spezifisch geartete Hierarchie unter den Lebewesen auch für Cuvier ab sofort von zentraler Bedeutung.

Als er in den Jahren zwischen 1827 und 1835 seine große, sechzehnbändige Arbeit *Le règne animal* vorlegte und die Menschheit darin in drei Rassen einteilte, schien selbst er verdrängt oder vergessen zu haben, daß es seiner eigenen ursprünglichen These zufolge doch eigentlich keine Hierarchien gebe.

Die negroiden Völker mit ihren hervorstehenden Kieferknochen und ihren wulstigen Lippen stünden, so schrieb Cuvier, den Primaten ganz offensichtlich nahe. »Die Horden, die dieser Variante menschlicher Lebewesen zuzuordnen sind, stehen nach wie vor auf der Ebene des Barbarentums.«

91

Für die mittelalterliche Lehre war der Mensch ein einziges, unteilbares Ganzes, geschaffen von Gott als Abbild seiner selbst und von ihm an die Spitze der Schöpfung gestellt.[39]

William Petty war der erste, der es wagte, das einheitliche Menschenbild in Frage zu stellen und die menschliche Gattung aufzugliedern in unterschiedliche Arten, von denen er einige wiederum eher den Tieren zuordnete.

»Es scheint«, so schreibt er in seinem 1676 erschienen Werk *The Scale of Creatures*, »als gebe es unterschiedliche Arten menschlichen Seins. Denn ich behaupte, der Europäer unterscheidet sich vom Afrikaner nicht allein durch seine Hautfarbe, sondern auch durch seine natürlichen Verhaltensformen und die herausragenden Eigenschaften seines Geistes.«

Erstmals wurde die Menschheit nicht nur in Völker und Herrschaftsgebiete, sondern auch in unterschiedliche biologische Arten aufgeteilt. Das Modell fand jedoch zunächst keine besondere Aufmerksamkeit.

Erst zu Beginn des 17. Jahrhunderts setzt der Anatom William Tyson die Suche nach dem fehlenden Glied in der Hierarchie der Schöpfung fort. In seiner 1708 erschienenen Studie *Orang Utan or The Anatomy of a Pygmie* kommt er zu zwei zentralen Schlußfolgerungen. Erstens: Von allen Primaten stehe der Orang Utan dem Menschen am nächsten. Zweitens: Der Pygmäe weise eine deutlich stärkere Ähnlichkeit zu den Primaten auf als alle anderen Völker. Demzufolge ordnete Tyson die Pygmäen den Tieren zu: »Ganz und gar von tierischem Verstand« und doch dem Menschen so nahe, daß er den Pygmäen innerhalb der Entwicklungsgeschichte der Schöpfung »als Verbindungsglied zwischen dem Affen und dem Menschen plazieren würde«.

Auch Tyson erregte mit seinen Thesen kein allzu großes Aufsehen. Erst Ende des 18. Jahrunderts, als die Europäer längst auf dem Wege waren, die Welt zu erobern, setzte sich der Gedanke von einer hierarchischen Ordnung der Rassen durch.

Anders erging es dem in Manchester lebenden Arzt Charles White. Er hatte 1799, im selben Jahr, als Cuviers Vorlesungen veröffentlicht wurden, die erste ausführliche und illustrierte Rassenkunde vorgelegt. Unter dem Titel *An Account of the Regular Graduation in Man* glaubte er den Nachweis erbringen zu können, daß der Europäer über allen anderen Völkern stehe: »Wo, außer bei ihm, fände sich ein derart vortrefflich gewölbter Schädel mit einem vergleichbar großen Gehirn (...)? Wo diese hohe Stirn, die gerade Nase, dieses runde, vorspringende Kinn? Wo diese Vielfalt an individuellen Charakterzügen und diese außergewöhnliche Ausdruckskraft (...), diese rosigen Wangen über korallenroten Lippen?«[40]

Die Illustrationen zu Whites Theorie waren eine Serie mit Profilen von Primaten und Eingeborenen, wie es schien in einem Stadium auf halbem Wege zwischen Vogel Strauß und Europäer. Bilder, so sollte sich zeigen, von einer enormen Macht; Bilder, deren Einfluß bis in meine Kindheit reichte.

Whites Thesen genossen vom Augenblick ihrer Veröffentlichung an eine beinahe unangefochtene Autorität, die im 19. Jahrhundert, parallel zur waffentechnologischen Entwicklung, eher noch zunahm.

92

Man hat mich zum Militärdienst einberufen. Der Einberufungsbescheid ist in sanften Pastellfarben gehalten, als ginge es darum, die Fischkarte eines Nobelrestaurants zu illustrieren. Der Hintergrund angenehm sandfarben wie eine Düne in der Wüste, verziert mit dunklen Muschelschalen. Das Tagesgericht bläulich mit einem Hauch violett. Ich sehe mir das Blatt genauer an und entdecke, daß es ein Leichnam ist. Ich selbst bin der Tote, abscheulich aufgequollen und entstellt.

93

Cuvier zufolge gibt es nur einen einzigen Zustand, in dem die chemischen und physikalischen Kräfte in ihrem unablässigen Versuch, den menschlichen Körper zu zerstören, aufgehalten werden können. Dieser Zustand heißt »Leben«.

Für ihn selbst endete der Zustand Leben im Jahre 1832 während der großen Cholera-Epidemie, die Europa damals heimsuchte. Erst starben seine Kinder, dann er selbst. Die Gattung Cuvier war ausgelöscht. Der große französische Dichter Honoré de Balzac hatte ihn

noch zu Lebzeiten auf seine Weise geehrt. In seinem 1831 erschienenen Roman *Das Chagrinleder* fragt der Erzähler: »Haben Sie sich
jemals von den Werken Cuviers in die Unendlichkeit von Zeit und
Raum mitnehmen lassen? Ist dieser Cuvier nicht in Wahrheit einer
der größten Dichter unseres Jahrhunderts? Beschreibend be-
schwört er die Zerstörungskraft, macht er den Tod lebendig und
läßt uns gleichsam in einer Art retrospektiver Apokalypse die
schaudererregende Auferstehung längst vergangener Welten erleben. Am Ende vermag das bißchen Leben, das uns in der namenlo-
sen Ewigkeit der Zeit gegeben ist, kaum noch anderes als Mitleid zu
erregen.«

Cuvier verstand es, die Phantasie seiner Zeitgenossen anzuregen.
Regelrechte Inszenierungen machte er aus seiner Analyse von Tod
und Vergänglichkeit; zeigte, daß es dabei nicht nur um individuelle
Schicksale gehe, sondern um den Untergang ganzer Gattungen. Um
den Pariser Bürgern seine Thesen deutlich zu machen, lud er sie ein,
mit ihm in den Kalksteinbruch zu kommen. Anhand der dort sicht-
baren, versteinerten Kreaturen führte er ihnen vor Augen, welch
riesiges Massengrab ihre Stadt in Wahrheit war. Und wie diese früheren Gattungen untergegangen seien, so würden auch sie, ihre
Nachkommen, untergehen. Das Schicksal ihrer Zukunft sei aus den
Spuren in diesem Boden abzulesen, dem Boden, der jetzt noch
Grundlage ihres Lebens sei.

Alles in allem war dies ein wissenschaftlicher Beitrag von großer
Bedeutung. Es war nicht Cuviers Schuld, daß seine Theorien später
in erster Linie mit dem hierarchischen Denken in Verbindung gebracht wurde, dem er selbst eher ablehnend gegenüberstand, obwohl
er es ungewollt gefördert hatte.

94

In einem Brief vom 23. Februar 1829 beschreibt der britische Geo-
loge Charles Lyell einen Besuch bei Cuvier. Er ist voller Bewunderung für die perfekte Ordnung im Studierzimmer Cuviers. In Wahr-

heit verbarg sich hinter dieser Ordnungsmanie womöglich Cuviers entscheidende Schwäche.

Sowohl von seiten des Elternhauses wie auch von seiten der Schule war Cuvier sehr streng erzogen worden. Das Ordnungsbedürfnis, das ihm eigen war, wurde vom Chaos der Revolutionsjahre noch verstärkt. Er selbst machte sich ausgerechnet das Studium von Fossilen, also die Erforschung der Resultate von Massenvernichtungskatastrophen zum Lebensinhalt. Zeitlebens hat Cuvier Ruhe und Beständigkeit gesucht. Die Natur müsse, wie die Gesellschaft, unerbittlichen Gesetzen folgen. Der Gedanke der Metamorphose erschreckte ihn. Es lag in seiner Natur, die Vernichtung der Verwandlung vorzuziehen. Er glaubte nicht an Transformationsprozesse.

Die entscheidende Erfahrung seiner Jugendzeit war die französische Revolution. Der Engländer Lyell hingegen war geprägt von der ganz anders gearteten industriellen Revolution. Er hatte erlebt, wie sich eine Gesellschaft, statt durch eine gewaltige und gewaltsame Katastrophe, durch Tausende von Entwicklungen und Neuerungen verändern kann, die im einzelnen kaum wahrnehmbar waren.

In seinem 1832 erschienenen Hauptwerk *Principles of Geology*, dem Klassiker der britischen Geologie des 19. Jahrhunderts, überträgt Lyell seine Vorstellung von Gesellschaft auf die geologische Erdgeschichte. Es hat keine Katastrophen gegeben. Sämtliche geologischen Phänomene können vielmehr als Ergebnisse jenes langsamen Entwicklungsprozesses erklärt werden, den wir tagtäglich selbst beobachten können: Erosion, Zersetzung, Aufschichtung, entstehendes Land, versinkendes Land.

Wie aber erklärte er sich dann das Phänomen Massensterben?

Ausgestorbene Gattungen, so Lyell, seien auf genau dieselbe Weise untergegangen, durch langsame, stetige Veränderungen ihrer Lebensbedingungen: Fluten, Dürren, schlechtere Nahrungsbedingungen, die Verbreitung einer konkurrierenden Spezies. Und jeder verlassene Ort wurde unverzüglich eingenommen von Arten und Gattungen, die mit den gegebenen Lebensumständen besser zurechtkamen.

So sei letztendlich ein Mangel an Flexibilität der Grund für das Artensterben, die mangelnde Fähigkeit, sich anzupassen, wenn sich die Lebensbedingungen auf ungünstige Weise veränderten. Was Lyell auf dem Gebiet der Wirtschaft während der industriellen Revolution gesehen hatte, das sah er jetzt auch in der Natur.

95

In Arlit, wo ich am Schreibtisch in meinem Hotelzimmer sitze und diese Passagen schreibe, sehe ich plötzlich einen Mann, der einen leeren Bilderrahmen trägt. Auch sonst bietet mein Fensterplatz mir einiges Interessante zur Beobachtung an: die Frau an der Ecke, die mit kreisenden Bewegungen auf einer schwarzen Metallplatte Pfannkuchen in grünem Öl backt; den Teeverkäufer, der sein glühendes Metallgefäß schwenkt, um das Wasser zum Kochen zu bringen; einige Jungen, die eine Rockband imitieren und mit hölzernen Stöckchen auf leeren Konservendosen trommeln. Der Rhythmus in Arlit ist ein deutlich anderer als in Tam – scheinbar träger, zugleich aber aktiver, weil er weniger angespannt klingt.

Das also sind die Dinge, die ich für gewöhnlich sehe, wenn ich aus dem Fenster blicke. Jetzt aber kommt ein Schwarzer mit einem weißen Umhang die Straße entlang und trägt einen schweren goldenen Bilderrahmen, der fast die ganze Person einrahmt. Nur Kopf und Füße sind außerhalb. Es hat etwas Befremdliches zu sehen, wie der Rahmen den Menschen darin abgrenzt und ausstellt, ja geradezu erhöht. Wenn er für einen kurzen Augenblick innehält und stehenbleibt, um den Rahmen von einer Schulter auf die andere zu laden, sieht es aus, als steige er aus dem Rahmen heraus. Als sei das die einfachste Sache der Welt.

96

Selbst eine Dokumentation, die ausschließlich auf authentischem Material basiert, birgt ein fiktives Element – den Erzähler. Ich selbst habe wohl kaum je einen fiktiveren Charakter geschaffen als das forschende »Ich« in meiner Doktorarbeit. Es tritt in gespielter Unwissenheit auf und erlangt dann allmählich einen höheren Kenntnisstand. Nicht sprunghaft und eigenmächtig, wie es meiner Arbeitsweise in Wirklichkeit entsprach – nein, Schritt für Schritt, Beleg für Beleg, unter strengster Einhaltung aller Gesetze und Regeln.

Cuvier, Lyell, Darwin – sie alle sind in ihren Werken letztlich fingierte Charaktere. Die Geschichte, in der erzählt wird, wie sie ihre Entdeckungen machten, bleibt reine Anekdote, da über sie selber nichts gesagt wird. Das Auslassen von persönlichen Erfahrungen macht das wissenschaftliche »Ich« zu einer Fiktion, die in der Wirklichkeit kein Gegenstück hat.

Die Wirklichkeit, die »ich« hier in der Wüste erlebe, ist authentisch. Ich bin in Arlit. Ich sehe den schwarzen Mann mit dem großen, goldenen Bilderrahmen. Immer wenn ich als Leser das Wort »ich« sehe (oder wenn es vermieden wird, was letztlich nur einer anderen Form des Gebrauchs entspricht), weiß ich, daß ich einem fiktionalen Charakter gegenüberstehe.

97

Darwin nahm Lyells Hauptwerk mit auf seine Reise auf der »Beagle«.[41] Im Frühjahr 1834 traf er in Patagonien ein, wo er die Überreste gigantischer Tiere fand, die in einer späten geologischen Periode gelebt haben mußten. Da seitdem weder Land versunken, noch neues entstanden war, lautete die Frage einmal mehr: Was war die Ursache für die Ausrottung derart vieler Arten, ja, für das Aussterben ganzer Gattungen?

»Man wird zuerst unwiderstehlich zu dem Glauben an eine große Katastrophe hingeführt, aber um durch eine solche sowohl große wie kleine Tiere in Südpatagonien, Brasilien, auf der Cordillera von Peru, in Nordamerika bis zur Behringstraße hinauf vernichten zu lassen, müßten wir das ganze Gerüst des Erdballes erschüttern.«

Geologische Untersuchungen bringen keine Hinweise auf solche Erschütterungen. Nun gut, was ist mit den Temperaturen? Darwin antwortet mit einer Gegenfrage: Welche Art von Temperaturveränderung sollte die Tierwelt auf beiden Seiten des Äquators gleichermaßen auslöschen – in den tropischen Gefilden ebenso wie in den gemäßigten und den arktischen Zonen?

»Kein Faktum in der langen Geschichte der Erde ist sicherlich so überraschend, wie die ausgedehnten und wiederholten Vernichtungen ihrer Bewohner.« Betrachte man diese Tatsache allerdings von einer anderen Seite, so sei diese Auslöschung weitaus weniger erstaunlich. Es seien Fälle bekannt, in denen der Mensch eine bestimmte Spezies in einer bestimmten Gegend ausgerottet habe und diese Spezies danach auch in anderen Gebieten immer seltener geworden sei, um schließlich ganz auszusterben. Wenn es uns also nicht weiter überrasche, daß eine Tierart nicht mehr so häufig in unserem Umfeld anzutreffen sei, es uns auch nicht beunruhige, daß diese Tierart insgesamt immer seltener und seltener werde – weshalb sollten wir dann überrascht sein, wenn sie irgendwann ganz ausgestorben ist?

98

Das Studium von Fossilien, so Darwin, werde nicht nur Erkenntnisse über die Hintergründe der Zerstörung von Leben bringen, sondern auch über die Ursprünge des Lebens.

Im Grunde wußte er bereits genug. Sein Problem war nun, begreifen zu wollen, was er wußte, und daraus die Konsequenzen zu ziehen.

Die Welt, wie Cuvier sie sah, hatte am Anfang einen Akt der Schöpfung, dem alles Leben entsprang, und am Ende einen Akt der Zerstörung, in dem alles Leben ausgelöscht wird. Lyell zerstörte diese schöne Symmetrie, indem er dem Schöpfungsakt unzählige kleine, langsam aber stetig voranschreitende Katastrophen gegenüberstellte. Wenn es aber so war, daß ältere Gattungen nach und nach und auf durchaus natürlichem Wege aussterben konnten, warum konnten dann nicht auf demselben Wege und unter genau denselben Umständen, denen ihre Vorfahren zum Opfer gefallen waren, neue Arten und Gattungen entstehen und sich weiterentwickeln?

Wenn der Untergang von Leben nicht zwangsläufig mit einer Katastrophe verbunden war, weshalb mußte dann der Beginn von Leben mit einem Akt der Schöpfung verbunden sein?[42] – Diese Überlegungen führten schließlich zu Darwins Hauptwerk, der 1859 erschienenen Studie *Über die Entstehung der Arten*.

99

Zeitlebens focht Cuvier einen Kampf mit seinem Kollegen Lamarck. Die Frage, die dabei im Zentrum stand: Können sich Arten entwickeln? Lamarck war fest überzeugt von einem Prinzip der Evolution, wenngleich ihm der Mechanismus dafür – die natürliche Selektion – noch verborgen war. Cuvier hingegen beharrte auf einer Unveränderbarkeit einer Spezies. Er legte schlagkräftige wissenschaftliche Argumente vor: Wenn jede Tierart die kontinuierliche Weiterentwicklung einer anderen Tierart verkörpere, so müßte es doch möglich sein, irgendwo auf der Welt jene Zwischenform zu finden, die das Bindeglied verkörpere zwischen der ausgestorbenen und der gegenwärtig lebenden. Da sich solche Zwischenformen bislang aber nicht nachweisen ließen, sei auch die Hypothese von der Evolution nicht aufrechtzuerhalten.[43]

Für Darwin war klar: Nur wenn dieser überaus ernst zu nehmende Einwand widerlegt werden konnte, stand seine Evolutionstheorie auf sicheren Fundamenten.[44]

Die Erklärung, die er schließlich vorlegte, war so naheliegend wie genial: Es hatte diese Zwischenformen in der Tat gegeben. Ausnahmslos jedoch waren sie unter den Konkurrenzdruck neuer, besser angepaßter Artverwandten geraten und zwar so schnell, daß sie noch nicht einmal Gelegenheit hatten, Spuren in Form von Fossilien zu hinterlassen, bevor sie im Überlebenskampf unterlagen.

Am härtesten, so Darwin, werde dieser Kampf zwischen Arten ausgetragen, die sich besonders nahestünden. »Infolgedessen wird denn auch die modifizierte, nachfolgende Spezies generell danach streben, die ihr vorausgehende auszulöschen.« Das Fehlen etwaiger

Zwischenformen sei folglich auf eine Art biologischen Elternmordes zurückzuführen. Anders als die Revolution, die bekanntlich ihre Kinder frißt, löscht die Evolution ihre Eltern aus.

100

In einem Brief an Lyell aus dem Jahre 1859 wirft Darwin die Frage auf, inwieweit dieser Prozeß auch unter menschlichen Rassen stattfinde und folglich »die weniger intelligenten Rassen zwangsläufig ausgelöscht werden.«[45]

Zwölf Jahre später macht er seine Überlegung öffentlich. Im sechsten Kapitel seines Buches *Die Abstammung des Menschen* benennt er »Arten«, die seiner Meinung nach das entwicklungsgeschichtliche Bindeglied verkörperten zwischen den Primaten und den zivilisierten Menschen: Gorillas und »Wilde« nämlich, und beide seien zum Aussterben vorherbestimmt.

»In einer künftigen Zeit, die, nach Jahrhunderten gemessen, nicht einmal sehr entfernt ist, werden die zivilisierten Rassen der Menschheit wohl sicher die wilden Rassen auf der ganzen Erde ausgerottet und ersetzt haben.«

Auf ähnliche Weise würden auch die Gorillas aussterben, was zur Folge hätte, daß danach zwischen den niederen Affenarten und dem zivilisierten Menschen eine deutlich größere Lücke klaffen werde, als momentan noch zwischen dem Gorilla und dem ihm besonders nahestehenden australischen Aborigine. Die Lücke nämlich, die die Ausgerotteten hinterlassen werden.

Nach Agadez

»... um ihnen das Gehirn aus den Köpfen zu schlagen«

101

An der Busstation in Arlit wende ich mich an den verschleierten Mann am Eingang und frage ihn: »Ist das Büro geöffnet?«

»Wollen wir uns nicht erst einmal begrüßen?« erwidert der Einheimische, mich vorsichtig zurechtweisend. So entbieten wir uns denn also unsere gegenseitige Hochachtung mit einem wiederholten »Ça va? Ça va bien. Ça va?« Woraufhin er mir mitteilt, daß das Büro zu seinem großen Bedauern geschlossen sei. Vielleicht hätte ich ja nächstes Mal mehr Glück. In der Tat, der nächste Versuch, ein Ticket zu erwerben, gelingt. Anschließend muß ich – mein Gepäck in der Halle zurücklassend – noch zur Polizeistation am anderen Ende der Stadt, um meinen Ausweis abzuholen, von dort wieder zurück zur Busstation, wo mein Gepäck soeben auf das Dach eines Kleinbusses gehievt wird, zusammen mit diversen ölverschmierten Kanistern, einigen Säcken Getreide, einem kompletten Marktstand einschließlich Vordach, Vordachgestell, dem Tisch für die Auslage und einem stattlichen Sortiment verschnürter Warenbündel. Dazu ein getrockneter Kamelkopf mit leeren Augenhöhlen.

Dann werden die Passagiere verstaut. Es gibt drei Bänke. Eine für die Frauen, eine für Schwarze und eine für Tuaregs. Mich setzt man zwischen die Tuaregs. Alles in allem quetscht man zweiunddreißig Menschen in den überschaubaren Innenraum. Solange noch jeder seine Lippen lecken kann, gilt hier nichts als eng. Die beiden Kontrolleure schieben das Fahrzeug an, laufen noch ein paar Meter nebenher, werfen sich dann ebenfalls ins Innere und schlagen die Tür hinter sich zu.

Gut 250 Kilometer sind es bis nach Agadez. Der Boden besteht aus großen Steinschollen. Es ist, als blättere die Wüste ab, wie die trockene Haut von meinem Arm. Dann plötzlich spürt man Salz auf der Zunge und das erste dünne, fahle Steppengras erscheint. Kleine Flächen, angesammelt in den Senken, hell, strohweiß, glühend wie der Flaum an meinem Arm. Der Anblick erinnert mich an die verlassenen Kalksteinbrüche auf Gotland. Das Licht in diesem kurzen weißen Gras macht mich glücklich.

Inmitten dieser absoluten Abgeschiedenheit sitzen wir wie die Ölsardinen nebeneinander, Körper an Körper, die warme Atemluft der anderen einatmend. Schlanke, junge Tuaregs mit langen, dunklen Wimpern, eingehüllt in kupferfarbene bis purpurne Gewänder, versunken in undurchdringbares Schweigen, umgeben von all den anderen mit ihrem lauten Lachen und ihrem breitem Grinsen, ihren stattlichen Hintern; die Frauen lärmend und farbenfroh.

Sind das die Wilden, von denen Darwin einst meinte, wir zivilisierten Weißen sollten sie auslöschen? Schwer, sich dergleichen vorzustellen, wenn man im selben Kleinbus mit ihnen sitzt.

102

Das Hotel de l'Air war einst der Palast des Sultan von Agadez. Berühmt ist der Speisesaal, gestützt von vier Säulen, von denen jede so mächtig ist, daß zwei Männer sie kaum umfassen können. Berühmt sind auch die Zimmer, die immer in wohltuende Dunkelheit gehüllt sind, jedes davon mit einem eigenen Aufgang in die abendliche Kühle der Dachterrasse.

Von dort aus blicke ich über den Marktplatz, auf dem soeben ein brandneuer Peugot 504 vorgefahren ist. Zwei junge Männer in glänzenden Anzügen springen heraus und gehen auf einen Alten zu, der hinter einem metallenen Tischchen sitzt, auf dem zur Dekoration zwei Briefe gekreuzt übereinander gelegt sind.

Die beiden Jungen hocken sich auf ihre Fersen und diktieren dem Alten ihren Brief.

Wer ist es, der verdammt ist unterzugehen? Diese beiden herausgeputzten jungen Analphabeten oder der belesene Greis?

Mit dem Rücken lehnt er am Minarett, dessen siebzehn Stockwerke sich hinter ihm erheben und das mit seinen Balken, die aus dem Mauerwerk herausragen, aussieht wie eine stachelige Frucht. Im Inneren birgt es eine Wendeltreppe, die nach oben hin so schmal und steil wird, daß man nicht mehr aneinander vorbeigehen kann. Wer hinabsteigen will, muß warten, bis der Entgegenkommende oben angelangt ist.

Die Sonne funkelt in den kleinen, runden Spiegelstückchen, mit denen unten beim Möbelhändler die Pfosten der ausgestellten Betten verziert sind. Einige vom Salz zerfressene Tamariske spenden kärglichen Schatten.

Die Abendbrise weht das Geräusch von Holzkohle, die irgendwo aufgeschüttet wird, zu mir hoch, dazu das Klappern der Mühle, die den Weizen für das Abendbrot mahlt. An der Ecke unter mir hat das »Chez Nous« bereits seine Pforten geöffnet, das »Au Bon Coin« und das »Bonjour Afrique« werden gleich folgen.

103

Cuvier hatte mit seiner Theorie vom Untergang biologischer Arten noch für wahre Horrorvorstellungen bei seinen Zeitgenossen gesorgt. Als Darwin sich fünfundsiebzig Jahre später der These anschloß, derzufolge ganze Menschenrassen zum Untergang verurteilt seien, schien das kaum noch jemanden sonderlich zu berühren. Was war geschehen? Was war mit den »Tasmaniern«, von denen Wells gesprochen hatte? Wo waren die »Guanchen«?

Die Guanchen waren ein hoch entwickeltes, die Sprache der Berber sprechendes Steinzeitvolk; das erste, das der europäischen Expansion zum Opfer fiel.[46]

Ursprünglich afrikanischer Herkunft, lebten sie lange Zeit auf den »glücklichen Inseln«, den heutigen Kanarischen Inseln. Den Kontakt zum Festland hatten sie völlig verloren. Ihre Anzahl wurde, bevor die Europäer ihren Fuß ans Ufer der Insel setzten, auf zirka achtzigtausend geschätzt. 1478 landete die erste Expedition auf Gran Canaria, ausgesandt im Namen von Ferdinand II., ausgerüstet mit Waffen und Pferden. Die Ebenen einzunehmen war kein Problem, doch in den Bergen führten die Guanchen einen hartnäckigen Guerillakampf, bis schließlich, 1483, sechshundert Krieger und eintausendfünfhundert Frauen, Kinder und Alte kapitulierten. Das war alles, was übrig geblieben war von der einst so zahlreichen Bevölkerung.

Las Palmas fiel im Jahre 1494, Teneriffa hielt sich noch zwei Jahre länger. Am Ende blieb eine einzige alte Frau übrig, die den Spaniern signalisierte, sie mögen näher kommen. »Es gab niemanden mehr, der noch hätte kämpfen oder sich fürchten können. Sie waren alle tot.«

Doch es waren nicht die Pferde und auch nicht die Waffen gewesen, die diesen Krieg entschieden hatten. Die eigentlichen Sieger waren Bakterien. Die einheimische Bevölkerung hatte die Krankheit *modorra* genannt. Nur eine Handvoll der 15.000 Einwohner von Teneriffa hatten überlebt.

Wenig später war der Wald gerodet, die Flora und Fauna europäisiert. Die Guanchen hatten ihr Land verloren und schließlich ihr Leben. Wiederholt brach die *modorra* aus; den Rest erledigten Ruhr, Lungenentzündung und Geschlechtskrankheiten.

Wer die Krankheiten überlebte, starb unter dem Joch einer entwürdigenden Knechtschaft, die den Eingeborenen alles nahm, was sie hatten: ihre Verwandten, ihre Freunde, ihre Sprache, ihre Kultur. Als im Jahre 1541 Girolamo Benzoni die Insel besuchte, war noch genau ein einziger Guanche übriggeblieben – einundachtzig Jahre alt und dem Alkohol verfallen. Das Volk der Guanchen war tot. Die Inselgruppe im östlichen Atlantik war der Kindergarten des europäischen Imperialismus. Hier, auf den »glücklichen Inseln«, hatten die imperialistischen Anfänger gelernt, wie gut sich europäische Menschen, Pflanzen und Tiere an eine Umgebung anpassen können, die nicht ihre natürliche ist. Hier lernten sie, daß die Eingeborenen, auch wenn sie zahlenmäßig überlegen sind und erbitterten Widerstand leisten, geschlagen, ja sogar ausgerottet werden können, ohne daß jemand so richtig weiß, wie es vor sich geht.

104

Als sich im 12. und 13. Jahrhundert die europäischen Kreuzfahrer Richtung Osten aufmachten, stießen sie dort auf Völker, die ihnen in kultureller Hinsicht, an technischem Wissen, diplomatischem Geschick und nicht zuletzt im Kampf gegen Epidemien weit überlegen waren. Tausende Kreuzfahrer starben an ihrer mangelnden Widerstandskraft gegen fremde Bakterien.

Als die Europäer im 15. Jahrhundert nach Westen fuhren, waren sie selbst die Träger dieser Bakterien. Wo immer die Europäer ankamen, waren die Menschen zum Tode verurteilt.

1492 erreichte Kolumbus Amerika. Mag das Ausmaß der nachfolgenden, sogenannten »demographischen Katastrophe« von verschiedenen Wissenschaftlern auch unterschiedlich eingeschätzt worden sein. Sicher ist: Etwas Vergleichbares gab es bis dahin in der ganzen Menschheitsgeschichte nicht.[47]

Heute nimmt man an, daß auf dem amerikanischen Kontinent zu jener Zeit etwa so viele Menschen gelebt haben müssen, wie auf dem europäischen – gut 70 Millionen.

Während weltweit im Verlauf der nächsten dreihundert Jahre die Bevölkerung um 250 Prozent stieg – wobei Europa mit einem Zuwachs zwischen 400 und 500 Prozent an der Spitze lag –, nahm die Anzahl der Ureinwohner von Amerika um 90 bis 95 Prozent ab.

Am schnellsten und gründlichsten wirkte sich die »demographische Katastrophe« in jenen dichter besiedelten Teilen Lateinamerikas aus, die als erste mit den Europäern in Kontakt gekommen waren: den Westindischen Inseln, Mexiko, Zentralamerika und der Andenregion.

Allein in Mexico dürften, als die Europäer im Jahre 1519 einfielen, 25 Millionen Menschen gelebt haben. Fünfzig Jahre später waren es nurmehr 2,7 Millionen, und hundert Jahre nach der Ankunft der Europäer waren 90 Prozent der Urbevölkerung ausgelöscht.

Die überwiegende Mehrzahl der indigenen Bevölkerung hatte auch hier nicht im Kampf ihr Leben gelassen, sondern war an Krankheit, Hunger und unmenschlichen Arbeitsbedingungen zugrunde gegangen. Radikal hatten die weißen Eroberer die sozial hoch entwickelte Gesellschaft der Indianer zerstört. Die an ihre Stelle gesetzte neue Gesellschaft brauchte nur eine kleine Anzahl an Indianern als billige Arbeitskräfte, ansonsten galten die Ureinwohner als unnütz und von minderem Wert. Zumal es noch immer mehr davon gab, als die wenigen Weißen mit gängigen Methoden hätten ausbeuten können.

Die unmittelbare Todesursache war meistens Krankheit, die dahinterliegende Ursache aber war folgende: Die Indianer waren zu zahlreich, als daß sie für die Eroberer von ökonomischem Nutzen gewesen wären.

Inwieweit aber war eine Eroberung mit dermaßen desaströsen Folgen noch zu rechtfertigen? Spanische Gelehrte des 16. Jahrhunderts beschäftigten sich intensiv mit dieser Frage. Debatten brachen aus und veranlaßten schließlich König Karl V. am 16. April 1550 dazu, weitere Eroberungen zu verbieten, bis ein von ihm eingesetztes Gremium eine Anhörung durchgeführt und zu einem entsprechenden Urteil gefunden habe. »Eine Maßnahme, die in den Annalen der westlichen Annexion ihresgleichen sucht«, schreibt der Historiker Magnus Mörner.

Die Anhörung wurde im August 1550 in Valladolid abgehalten. Das Gericht jedoch, besetzt mit hochrangigen, erfahrenen Richtern, konnte zu keinem übereinstimmenden Urteil kommen.

Welchen Effekt hätte man sich auch davon versprechen können? Kein Gericht der Welt wäre vermutlich in der Lage gewesen, die spanischen Eroberer dazu zu überreden, selbst in die Hand zu nehmen, was diese für »Indianerarbeit« hielten. Und kein Gericht der Welt hätte sie davon abhalten können, die Indianer als untergeordnete Wesen zu betrachten, von der Natur dazu ausersehen, ihren weißen Herren und Meistern zu dienen. Die Tatsache, daß die Indianer dabei zu Tode kamen, war für sie allenfalls bedauerlich, zugleich aber unvermeidlich.

105

Adam Smith war es, der das Gesetz von der Regulierung des Bedarfs an Arbeitskräften formulierte: »Wie die Produktion einer bestimmten Ware durch die entsprechende Nachfrage geregelt wird, so reguliert der Bedarf an Arbeitskräften letztlich die Produktion von Menschen: Er beschleunigt sie, wenn sie zu langsam geht, und stoppt sie, wenn sie zu schnell zunimmt.«[48]

Ein Gesetz, das auch für die Indianer galt. Sie starben in Massen, bis es schließlich in Lateinamerika einen Mangel an indianischer Arbeitskraft gab. Dann plötzlich stieg ihr Wert. Eine Reihe sozialer Reformen wurde ausgearbeitet und umgesetzt, mit dem Ziel, den verbliebenen Indianern Schutz zu gewähren und sie dort in wirtschaftliche Einheiten einzubinden, wo man sie brauchte und man ihre Arbeitskraft optimal ausnutzen konnte. So begann die Zahl der Indianer im Verlauf des 17. Jahrhunderts langsam wieder zu steigen.

Ab Mitte des 19. Jahrhunderts wirkten sich die wirtschaftlichen und technischen Neuerungen in Westeuropa auf Lateinamerika aus. Eine steigende Nachfrage nach Rohstoffen und ein erhöhter Nahrungsmittelbedarf führte zunächst zu einem erheblich beschleunigten Bevölkerungswachstum – und einer immer krasseren Ausbeutung jeder verfügbaren Arbeitskraft.

Das Bevölkerungswachstum hielt an. Aber die technischen und ökonomischen Neuerungen, die eine Zeitlang auch in Lateinamerika zu einem Anstieg der Nachfrage nach Arbeitskräften geführt hatte, führte schließlich wieder zu einer Reduzierung der Nachfrage. Eine bis heute ungebrochene Tendenz.

Um auf den internationalen Märkten bestehen zu können, setzt die Industrie auf eine immer umfassendere Automatisierung aller

Arbeitsvorgänge. Die großen landwirtschaftlichen Betriebe werden durch und durch mechanisiert oder beschränken sich auf Viehzucht. Aus der Sicht der Unternehmer wird ein immer größerer Teil der Bevölkerung unbrauchbar und überflüssig.

106

Gilt das Gesetz von Adam Smith heute noch? Wie lange wird eine Gesellschaft, die das Recht auf Arbeit nicht sichern kann, das Recht auf Leben erhalten können?

Ich bin davon überzeugt, daß einige der entscheidenden Faktoren für die sogenannte »demographische Katastrophe« des 16. Jahrhunderts sowohl im Lateinamerika unserer Tage als auch in verschiedenen anderen Teilen der Welt fortbestehen.

Noch scheint der Druck der Milliarden hungernder und verzweifelter Menschen die Machthaber der Welt nicht dazu gebracht zu haben, Kurtz' Entschluß als die einzig menschliche, die einzig mögliche und die einzig vernünftige Lösung zu betrachten. Der Tag allerdings, an dem das der Fall sein wird, scheint mir nicht mehr allzu fern. Ich sehe ihn kommen. Eben deshalb beschäftige ich mich mit der Geschichte.

107

Zusammen mit unzähligen anderen Menschen befinde ich mich in einem Tunnel oder einem Kellergang. Quälend langsam bewegen wir uns in der Dunkelheit vorwärts. Irgendwo in weiter Ferne, über uns, soll es nach draußen gehen, sagen sie. Aber es darf immer nur einer nach dem anderen die enge Wendeltreppe emporsteigen. Die Zahl der Nachrückenden ist viel größer als die Zahl der oben Entkommenden. Es ist unerträglich eng geworden. Einige stehen bereits seit Tagen in dem Tunnel und haben nur wenige Schritte vorwärts geschafft. Malthus ist bereits die Rohre bis unter die Decke hochgeklettert, um dem Gedränge am Boden zu entfliehen. Die anfängliche Irritation verwandelt sich in Verzweiflung und Apathie. Panik kommt auf.

108

Schätzungsweise fünf Millionen der Ureinwohner des amerikanischen Kontinents lebten auf dem Gebiet der heutigen Vereinigten Staaten. Zu Beginn des 19. Jahrhunderts war noch knapp eine halbe Million übrig davon. 1891, dem Jahr der Schlacht von »Wounded Knee«, dem letzten großen Massaker an der indigenen Bevölkerung in den USA, hatte die Zahl der Eingeborenen mit einer Viertelmillion ihren Tiefpunkt erreicht. Mit anderen Worten: das Volk der Indianer war auf fünf Prozent seiner ursprünglichen Größe dezimiert worden.

Das Aussterben der Indianer während der spanischen Okkupation hatte man in der angelsächsischen Welt mit einer tief in der Mentalität der Spanier verwurzelten Blutrünstigkeit und Gewalttätigkeit erklärt. Jetzt, als dasselbe Phänomen als Folge der angelsächsischen Okkupation in Nordamerika zu beobachten war, hatte man andere Erklärungen parat. Zum Beispiel die einer göttlichen Intervention. »Wo immer die Engländer sich niederlassen, bereitet ihnen eine göttliche Hand den Weg, sei es durch einen Abzug der Indianer, sei es durch eine Dezimierung der Ureinwohner aufgrund von Kriegen untereinander oder infolge grassierender Krankheiten«, notiert Daniel Denton im Jahre 1670.

Im Laufe des 19. Jahrhunderts werden die pseudoreligiösen durch biologische »Erklärungen« verdrängt. Die ausgelöschten Völker waren farbig, die an ihre Stelle tretenden weiß. War es nicht offensichtlich, daß hier ein Gesetz der Natur seine Wirkung entfaltete? War die Auslöschung dieser Nichteuropäer in Wahrheit nichts anderes als ein weiterer Schritt in der natürlichen Entwicklung der Welt?[49]

Wenn die Eingeborenen starben, so bewies das doch nichts anderes, als daß sie einer niederen Rasse angehörten. Also, sagten die einen, laßt sie sterben, wie es das Gesetz des Fortschritts verlangt. Andere hingegen forderten humanitären Schutz für die Eingeborenen, indem man sie in entlegene Reservate umsiedelte – was den Europäern, wie durch einen glücklichen Zufall, die Inbesitznahme und Bepflanzung des besten Ackerlandes ermöglichte.

Eine Vielzahl von Ethnien in Süd- und Nordamerika, in Afrika und in Australien wurde seit Anfang der dreißiger Jahre des 19. Jahrhunderts mit eben dieser Begründung verjagt, umgesiedelt, ausgelöscht. Darwin hatte sich, als er seine These vom schicksalsbestimmten Untergang bestimmter Rassen formulierte, auf allgemein bekannte historische Ereignisse bezogen. Gelegentlich war er selbst ihr Augenzeuge gewesen.

109

Der europäische Eroberungsfeldzug war noch nicht in alle Teile des Hinterlandes im Südwesten von Südamerika vorgedrungen, als Darwin im August des Jahres 1833 dort eintraf. Eben erst hatte die argentinische Regierung beschlossen, die Indianer der Pampa auszurotten.

Mit dem Auftrag zur Ausführung des Beschlusses war ein gewisser General Rosas betraut. Darwin trifft ihn und seine Truppen am Colorado River. Nie zuvor, so schreibt er, habe er einen so widerwärtigen Haufen Banditen gesehen.

In Bahía Blanca begegnete er weiteren von ihnen. Die meisten waren betrunken, von oben bis unten besudelt mit Schmutz, Blut und Erbrochenem. Bereitwillig erzählt ihm ein spanischer Kommandant, wie man gefangene Indianer dazu gebracht habe zu verraten, wo sich der Rest ihrer Sippschaft aufhalte, und wie man auf diese Weise weitere 110 von ihnen habe gefangennehmen oder gleich töten können – »denn meine Männer machen jeden nieder«.

> »Jetzt sind die Indianer so in Furcht gejagt, daß sie Widerstand in Masse nicht mehr leisten; jeder flieht und läßt selbst Weib und Kinder im Stich; werden sie aber eingeholt, so fechten sie wie

wilde Tiere gegen jede Anzahl bis zum letzten Augenblick. Ein
sterbender Indianer hatte den Daumen seines Gegners mit den
Zähnen erfaßt und ließ sich lieber das Auge aus dem Kopfe boh-
ren, als daß er losgelassen hätte. (...)

Dies ist ein düsteres Gemälde, aber wieviel schrecklicher ist
die unbestreitbare Tatsache, daß auch alle Weiber, die über
zwanzig Jahre erscheinen, mit kaltem Blute massakriert werden. Als ich bemerkte, wie unmenschlich dies sei, sagte er: ›Ja,
was kann man tun? Sie vermehren sich so sehr.‹ (...)

Jedermann ist hier von der Gerechtigkeit des Krieges völlig
überzeugt, weil er gegen die Barbaren geführt wird. Wer sollte
glauben, daß in unserem Zeitalter in einem christlich zivilisierten Staate noch solche Grausamkeiten begangen würden! (...)

Der Plan des General Rosas bezweckt, alle einzeln Angetrof-
fenen zu töten, den Rest auf einen Punkt zusammenzutreiben
und sie im Sommer mit Hilfe der Chilenen in Masse anzugreifen.
Diese Maßregel soll in drei aufeinander folgenden Jahren wiederholt werden.«[50]

Die Jagd auf die südamerikanischen Indianer war noch in vollem
Gange, als Darwin im Jahre 1871 seine Schrift *Die Abstammung des
Menschen* veröffentlichte. Die Argentinier finanzierten das gigantische Massaker durch eine besondere Form der Staatsanleihe: Nachdem das Land von den Indianern »gereinigt« war, wurde es unter
den Inhabern der Obligationen aufgeteilt – 2.500 Hektar pro An-
leihe.

110

Nacht für Nacht mache ich mich in einer dunklen, schmutzigen
Stadtlandschaft auf die Suche nach Blumen. Eine heruntergekom-
mene, verpißte Gegend. In einer stinkenden Unterführung kommen mir zwei Männer entgegen. Blumen? Sie verstehen nicht, wovon ich spreche. Ich symbolisiere »Blumenstrauß«, indem ich so
tue, als hielte ich die Stiele fest in meiner Hand. Sie verstehen es als
ein Zeichen für »Messer« und wissen genau, was ich meine.

111

Darwin war durch die brutale argentinische Menschenjagd zutiefst verstört. Sein Lehrer Lyell half ihm, die Dinge, die er gesehen hatte, in einen größeren Kontext zu stellen. Der Mensch ist ein Teil der Natur, und in der Natur ist eben auch die Zerstörung natürlich.

Als menschliche Wesen, sagt Lyell in *Principles of Geology*, haben wir keinen Anlaß, uns schuldig zu fühlen, wenn unser Fortschritt zur Ausrottung von Tieren oder Pflanzen führt. Zu unserer Rechtfertigung sei vorzubringen, daß wir nichts anderes machten als jede andere Spezies in der Natur, wenn wir versuchen, die Erde für uns zu erobern und die von uns besetzten Gebiete nach Kräften zu verteidigen. Jede Gattung, die sich über ein größeres Gebiet ausbreite, müsse zwangsläufig andere verdrängen, dezimieren, womöglich auslöschen, und seinen Lebensraum gegen ihrerseits eindringende Pflanzen und Tiere verteidigen. Wenn also die »unbedeutendste und winzigste aller Arten (...) Tausende an Gegnern abschlachtet, warum sollten dann wir, die Krone der Schöpfung, das nicht ebenfalls dürfen?«

Der ansonsten so sensible und sanfte Lyell wollte den Indianern gewiß ebenso wenig zu leide tun, wie Darwin dies wollte. Das Recht jedoch, andere Gattungen auszulöschen, das Lyell dem Menschen allzu gedankenlos zugestanden hatte, wurde längst in Anspruch genommen, auch um Menschen auszurotten.

112

Von allen ausgerotteten Völkern waren die Tasmanier das bekannteste; sie wurden oft stellvertretend für alle anderen genannt.[51]

Tasmanien ist eine Insel von ungefähr der Größe Irlands und liegt südöstlich des australischen Kontinents. Die ersten Kolonisatoren – vierundzwanzig Häftlinge, acht Soldaten und ein Dutzend Freiwillige, darunter sechs Frauen – erreichten die Insel im Jahre 1803. Ein Jahr später richteten sie das erste Blutbad unter der Urbevölkerung an. Die »bushrangers«, geflohene Häftlinge, hatten freie Hand. Sie töteten Känguruhs und Eingeborene, entführten tasmanische Frauen, warfen die Leichen der Eingeborenen den Hunden zum Fraß vor oder verbrannten sie bei lebendigem Leibe. Ein Mann namens Carrot wurde regelrecht berühmt für seinen mörderischen Einfallsreichtum. Einmal soll er eine Eingeborene gezwungen haben, sich den Kopf ihres Mannes umzuhängen, den er diesem vor ihren Augen abgeschlagen hatte. Die einheimische Bevölkerung brauchte man nicht wie Menschen zu behandeln; sie galten als »Wilde« oder als »wilde Bestien«.

In den Jahren um 1820 stieg die Zahl der Einwanderer stark an, womit zugleich die Lebensgrundlagen der Eingeborenen eingeschränkt wurden. Viele von ihnen hungerten und begannen, bei den Weißen zu stehlen. Diese wiederum stellten Fallen auf gegen die »Wilden« oder schossen sie wie Vögel von den Bäumen. Die Tasmanier rächten sich, indem sie Weiße überfielen, die an entlegenen Orten siedelten, bis im Jahre 1825 ihr Häuptling und Anführer in die Hände der Siedler geriet und hingerichtet wurde. Für das Volk der Tasmanier war das der Anfang vom endgültigen Untergang.

»Van Diemens Land Company«, eine der weltweit größten Kolonialgesellschaften, hatte die Känguruhs nahezu vollständig ausgerottet und statt dessen Schafe auf die Insel gebracht. Die weiße Bevölkerung verdoppelte sich in Abständen von fünf Jahren, und immer lautstarker forderte die lokale Presse die Regierung auf, die Eingeborenen endlich fortzuschaffen, anderenfalls werde man »sie jagen und abknallen wie wilde Bestien«.

So geschah es denn auch. 1827 war in der Londoner *Times* von einem Vorfall zu lesen, bei dem sechzig Tasmanier starben, als Vergeltung für die Ermordung eines weißen Siedlers. Bei anderer Gelegenheit tötete man siebzig Tasmanier auf einen Schlag. Die Gewalttätigkeiten wurden immer heftiger, bis die Siedler schließlich auch Frauen und Kinder aus ihren Höhlen herausholten, »um ihnen das Gehirn aus den Köpfen zu schlagen«.

1829 entschied die Regierung, alle Ureinwohner in ein Gebiet an der unfruchtbaren Westküste zu bringen. Häftlinge wurden ausge-

sandt, um die Eingeborenen zu fangen und für ein Kopfgeld von fünf
Pfund in das Lager zu bringen. Schätzungen zufolge kamen auf einen
lebend dorthin gebrachten Tasmanier neun tote.

Ein Jahr später, 1830, stellte man einen Suchtrupp aus fünftau-
send Soldaten zusammen, der die wenigen noch frei lebenden Tasmanier aufspüren und zusammentreiben sollte, um sie anschließend in ein kleines Vorgebirge im Südosten der Insel zu verfrach-
ten. Eine Aktion, die man sich, alles in allem, rund 30.000 Pfund
kosten ließ. Wochenlang durchkämmte der Suchtrupp die Insel,
Schritt für Schritt, im Abstand von knapp fünfzig Metern. Als die
Kette am anderen Ufer angekommen war, hatte sie nicht einen einzigen Eingeborenen gefangen. Wie sich später herausstellte, waren zu diesem Zeitpunkt höchstens noch dreihundert Tasmanier
am Leben.

113

Einer unter den Weißen, ein methodistischer Steinmetz namens
G. A. Robinson, hatte sich in den Kopf gesetzt, die Eingeborenen zu
retten. Unbewaffnet machte er sich auf den Weg in den Busch, wäre
um ein Haar dort umgebracht worden, wurde aber von einer Eingeborenen namens Truganina gerettet. Gemeinsam mit ihr gelang es
ihm, zweihundert Tasmanier dazu zu überreden, die Insel zu verlassen und auf die benachbarte Flinders Insel zu fliehen, wo ihnen niemand nach dem Leben trachtete.

Es war exakt der Zeitpunkt, zu dem auch Darwin auf Tasmanien
weilte. »Ich fürchte,« schreibt dieser am 2. Februar 1836 in sein
Tagebuch, »dieser Auszug aus der Hölle samt allen seinen Folgen ist
auf nichts anderes zurückzuführen als auf das beschämende Verhalten einiger unserer Landsleute.«

Robinson versuchte, seine Schützlinge zu zivilisieren, predigte
christliche Glaubensgrundsätze und führte auf der Flinders Insel
die Marktwirtschaft ein. Seine Mühen schienen von Erfolg gekrönt.
Die Tasmanier begannen zu arbeiten, nähten und kauften sich Klei-

der, aßen mit Messer und Gabel. Anstelle nächtlicher Orgien fanden Gottesdienste statt, die zehn Gebote waren ein fester Begriff.

Allerdings – der Erfolg hatte einen Haken: Die umgesiedelten, christianisierten und zivilisierten Tasmanier starben wie die Fliegen. Innerhalb von sechs Monaten war die Hälfte von ihnen tot. Nachdem ein weiteres Viertel gestorben war, kehrten die letzten fünfundvierzig Überlebenden auf ihre Heimatinsel zurück, wo sie in einem Slumviertel von Hobart Town, der von den Weißen gegründeten Hauptstadt Tasmaniens, am Alkohol zugrunde gingen.

Als im Jahr 1859 Darwins *Über die Entstehung der Arten* erschien, lebten noch exakt neun tasmanische Frauen, alle zu alt, um noch Kinder zu gebären. Der letzte tasmanische Mann, William Ianney, starb im Jahre 1869. Sein Kopf wurde gestohlen, bevor man den Leichnam hatte beerdigen können; wenige Tage später war das Grab aufgewühlt und die Reste seines Leichnams geraubt worden.

Die letzte lebende Tasmanierin aber war Trugamina, die Frau, die Robinson das Leben gerettet hatte. Sie starb 1876, also einige Jahre, nachdem in London Darwins Schrift *Die Abstammung des Menschen* erschienen war. Ihr Skelett befindet sich im tasmanischen Museum in Hobart.

114

Entweder sahen die Gelehrten des 19. Jahrhunderts das Schicksal der Tasmanier im Lichte der Theorien von Cuvier, die längst Allgemeingut geworden waren. Demzufolge verkörperten die Tasmanier eine der vielen Tausenden zum Untergang verurteilten Spezies und hatten ihr Überleben bislang einzig und allein ihrer geographischen Isolation zu verdanken. Man betrachtete sie als »lebende Fossile«, Überbleibsel einer prähistorischen Zeit, die nicht zurechtkamen mit dem plötzlichen Kontakt zu der modernen Welt am anderen Ende der Zeitskala.

Ihr rasches Aussterben bedeute nichts anderes, als daß sie ins

Totenreich einkehrten, wohin sie gemäß der Lehre von der Evolution im Grunde schon seit langem gehörten.

Oder die Gelehrten des 19. Jahrhunderts sahen das Schicksal der Tasmanier im Lichte der Theorien von Darwin. Er war es, der das mittelalterliche Bild von einer Rangfolge der Schöpfung, bei der alle Lebensformen ihren vorherbestimmten Platz einnehmen, beziehungsweise jene zoologische Hierarchie, wie William Petty, William Tyson und Charles White sie vorgeschlagen hatten, mit einem historischen Prozeß in Verbindung brachte: Die »niederen« Formen, so Darwin, seien gleichsam Vorgänger auf Zeit für die »höheren«. Und nicht nur das. »Nieder« und »hoch« seien hier als Ursache und Wirkung zu verstehen. Zwischen den Daseinsformen tobe ein Kampf, der immer »höhere« Formen hervorbringe.

Die Europäer seien folglich nichts anderes als veränderte und verbesserte Nachkommen der Tasmanier. Und da wir, gemäß dem Darwinschen Gesetz vom Elternmord, gezwungen sind, unsere Ursprungsgattung auszulöschen, können wir gar nicht anders, als »die wilden Rassen« der Erde auszurotten. Die Natur hat alle »niederen Rassen« dazu verdammt, das Schicksal der Tasmanier zu teilen.

Teil IV

Die Entstehung des Rassismus

»Rasse ist alles: Literatur, Wissenschaft,
Kunst; mit einem Wort, die Zivilisation als Ganzes
hängt von ihr ab.«

115

Die Kritik am Imperialismus, wie sie im späten 18. Jahrhundert entstanden war, zeigte auch im frühen 19. Jahrhundert ihre Wirkung, und für viele Europäer war es selbstverständlich, eine Haltung gegen den Völkermord einzunehmen.

So schreibt John Howison in seiner 1834 erschienen großen Geschichte des Kolonialismus (*European colonies in various parts of the world viewed in their social, moral and physical condition*):

>»Der amerikanische Kontinent wurde Dank der Segnungen der Zivilisation so gut wie entvölkert von allen seinen Ureinwohnern. Auf den Westindischen Inseln lebt von der eingeborenen, primitiven Bevölkerung keine einzige Familie mehr. In Südafrika wird es bald ähnlich sein, auf den Inseln im Pazifischen Ozean arbeiten europäische Krankheiten und der Despotismus fanatischer Missionare Hand in Hand, um die Zahl der Ureinwohner in rasender Geschwindigkeit zu dezimieren.
>
>Es ist wahrlich an der Zeit, diesem Akt der Vernichtung Einhalt zu gebieten. Die lange und traurige Erfahrung damit sollte uns gezeigt haben, daß die Barbaren, die wir in ihren Ländern aufgesucht und unterworfen haben, dadurch weder glücklicher, noch weiser, noch besser werden. Es ist Zeit, daß wir sie sich selber überlassen und uns kritisch mit uns selbst beschäftigen, um endlich zu lernen, unsere Habgier, unsere Selbstsucht und sonstigen Laster im Zaume zu halten.«

Diese Haltung wurzelte gleichermaßen im christlichen Glauben und in den Vorstellungen von einer Gleichheit aller Menschen, wie sie in der Zeit der Aufklärung artikuliert worden waren. Aber im Verlauf der europäischen Expansion während des 19. Jahrhunderts gewann eine ganz andere Auffassung an Einfluß, die den Genozid für ein unvermeidliches Nebenprodukt des Fortschritts hielt.

Der große Anthropologe J.C. Prichard zum Beispiel, hielt es für unmöglich, »die wilden Rassen« zu retten. Statt unnötig Kraft darauf zu verschwenden, gelte es, so Prichard in seiner Vorlesung »Über die Auslöschung der Menschenrassen« (1838), im Interesse der Wissenschaft so viele Informationen wie möglich über ihre physischen und moralischen Eigenschaften zu sammeln.[52]

Die drohende Auslöschung barg eine zusätzliche Motivation für anthropologische Forschungen, die ihrerseits den Mördern eine Rechtfertigung für deren Taten lieferten, indem sie die Ausrottung der Völker für unvermeidbar erklärten.

116

Ebenfalls im Jahre 1838 hielt Herman Merivale an der Oxford University seine Vorlesungen über »Kolonisation und Kolonien«, worin er unter anderem auf Prichards mittlerweile weit verbreitete Theorie einging, derzufolge der Weiße vom Schicksal dazu auserwählt sei, die Wilden auszurotten, und im übrigen die Auslöschung nicht nur eine Folge von Kriegen und Epidemien sei, vielmehr noch tiefere und geheimnisvollere Gründe habe: »Für den Wilden ist auf unbekannte Weise allein schon der Kontakt mit dem Europäer fatal.«

Merivale wies diese Theorie entschieden zurück. Fälle unerklärbarer Sterblichkeit gebe es nicht. Jeder wisse, welches Ausmaß »die Verschwendung menschlichen Lebens« mittlerweile angenommen habe. Die Ursachen hierfür seien natürlicher Art. Sie lägen vor allem darin, daß die Zivilisation dort draußen in der Wildnis von »irgendwelchen Gaunern, Hinterwäldlern, Piraten und Strauchdieben« vertreten werde, kurzum von Weißen, die tun und lassen könnten, was sie wollten, ohne Kontrolle oder Kritik fürchten zu müssen.

»Die europäische Siedlungsgeschichte, ganz gleich ob in Amerika, in Afrika oder in Australien, weist überall dieselben Charakterzüge auf: der Vernichtung der Eingeborenen durch die eskalierende Gewalt einzelner oder sogar der kolonialen Autoritäten, folgt die späte und halbherzige Verurteilung von seiten der Regierung, mit dem alleinigen Zweck, ihr stilles Einverständnis mit den Verbrechen zu kaschieren.«

Zu dieser Schlußfolgerung war auch eine vom britischen Parlament eingesetzte Kommission gekommen, die die Hintergründe jener »unglücklichen Vorgehensweisen« untersuchen sollte, die für die Tasmanier und andere Völker so vernichtende Folgen gehabt hatten.

Die Europäer, so der Bericht der Kommission, raubten den Eingeborenen ihr Land, reduzierten die Bevölkerung und zerstörten ihre gewohnte Lebensweise. Ungeheure Grausamkeit und Ungerechtigkeit seien die Hauptursache für das Aussterben der Eingeborenen.[53]

Unmittelbare Konsequenz aus der Arbeit der Kommission war die Gründung der *Aborigines Protection Society*, der »Gesellschaft zum Schutze der Eingeborenen«, deren erklärtes Ziel es war, die Morde an der indigenen Bevölkerung zu stoppen und deren Vernichtung zu verhindern. Ein Kampf, der im weiteren Verlauf des Jahrhunderts immer mühsamer und aussichtsloser werden sollte.

117

Wo bin ich? In einem Konzentrationslager? In der Dritten Welt? Die Körper um mich herum sind nackt und ausgemergelt und von Wunden übersät. Weihnachten steht vor der Tür. Wohlgenährte Männer spannen ein Netz mit dichten, festen Maschen. Auf der anderen Seite des Netzes steht die Skulptur einer gigantischen Nackten, angemalt in Rot und Gold, ausgerüstet mit Bügeleisen und Knüppel und Stiefeln.

Das Netz hindert uns daran, an die üppige und glückliche Frau heranzukommen.

Die Männer, die das Netz aufhängen, erzählen sich beim Arbeiten einen geschmacklosen Witz nach dem anderen. Gleich werden sie ihre Hunde auf uns hetzen. Sie schütten sich aus vor Lachen, als sie sehen, wie wir an dem Netz hochklettern. Vergeblich versuchen wir, an das Bügeleisen und den Knüppel heranzukommen. Wir erreichen noch nicht einmal die Stiefel.

118

Vorurteile gegenüber fremden Völkern sind so alt wie die Menschheit selbst. Mitte des 19. Jahrhunderts allerdings wurden diese Vorurteile systematisiert und erhielten ein pseudowissenschaftliches Fundament. In der angelsächsischen Welt war Robert Knox der Wegbereiter dieser Entwicklung. Die Veröffentlichung seines Buches *The Races of Man: A Fragment* (1850) markiert die Geburtsstunde des Rassismus. Knox schafft darin, bei allen eingestandenen Wissenslücken, den Sprung von landläufigen Vorurteilen zu pseudowissenschaftlichen Verurteilungen.

Knox war ein Schüler von Cuvier; in Paris hatte er vergleichende Anatomie bei ihm gehört. Cuviers großes Verdienst, so lobte Knox seinen Lehrer, sei der Nachweis über das Aussterben unzähliger Tierarten gewesen. Für das »Wie« und das »Warum« jedoch habe Cuvier keine Erklärung gehabt.

In Wahrheit, schreibt Knox, wissen wir herzlich wenig über die Gründe für den Untergang der dunklen Rassen. »Wüßten wir mehr über ihren Ursprung, so wüßten wir vermutlich auch mehr über ihren Untergang. Aber wir wissen so gut wie nichts. Was wir haben, sind Vermutungen und vage Theorien.«

Fest stehe nur eines: Seit Menschengedenken seien die dunkleren Rassen stets die Sklaven der hellhäutigen gewesen. Was ist der Grund dafür?

»Ich kann mir das nicht anders erklären, als daß die dunklen Rassen physisch und damit auch psychisch unterlegen sind.« – Was weniger auf ein geringeres Gehirnvolumen als auf eine geringere

Qualität der Gehirnsubstanz zurückzuführen sei. »Das Gewebe des Gehirns, so scheint mir, ist bei dunkelhäutigen Rassen im allgemeinen dunkler, der weiße Teil faseriger; allerdings beruht diese Beobachtung leider auf extrem begrenzten Erfahrungen.«

Wie begrenzt diese Erfahrungen waren, wurde an anderer Stelle des Buches deutlich. Dort gesteht Knox, er habe lediglich einen einzigen Farbigen obduziert. In den Armen und Beinen dieses Körpers jedoch, so betont er, hätten sich nur zwei Drittel der Nerven gefunden, die ein Weißer von derselben Größe habe. Damit liege doch auf der Hand, daß auch die Seele, der Instinkt und der Verstand der beiden Rassen in einem solchen Verhältnis zueinander stehen müßten.

Einmal in Schwung, ist Knox nicht mehr zu stoppen: »Für mich ist klar, Rasse, oder besser die erbliche Abstammung, ist alles. Es allein prägt den Menschen.« Und: »Rasse ist alles: Literatur, Wissenschaft, Kunst; mit einem Wort, die ganze Zivilisation hängt von ihr ab.«

Bei alledem hat die kindliche Offenheit, mit der Knox seine fehlende empirische Grundlage eingesteht, etwas beinah Rührendes. Im sechsten Kapitel, dem zentralen Abschnitt seiner Abhandlungen über die dunkelhäutigen Rassen, heißt es unter anderem: »Nun aber, nachdem wir uns in aller Kürze der physischen Konstitution einiger dieser dunklen Rassen gewidmet und dabei gezeigt haben, wie wenig wir letztlich wissen über sie und wie dürftig unsere Anhaltspunkte für eine physische Entwicklungsgeschichte der Menschheit ist, erlauben Sie mir folgende Erwägung...«

Erwägung?

Tatsächlich liefert Knox, ohne auch nur einen Augenblick zu zögern, auf der Grundlage dieser von ihm selbst als dürftig bezeichneten Fakten einige kategorische Aussagen über die Minderwertigkeit dunkelhäutiger Rassen und deren unausweichlichen Untergang.

119

Darwin sprach von »wilden Rassen«, ohne deutlich zu machen, was er darunter verstand. Wallace und einige andere Autoren schrieben von »niederen« oder von »niederen und sittlich zurückgebliebenen Rassen«, wobei auch sie den Leser im Unklaren darüber ließen, welche Völker dazu zu zählen seien und was unter »sittlich zurückgeblieben« genau zu verstehen sei. Bezog es sich auf das, was wir heute als »Vierte Welt« bezeichnen? Bezog es sich auf die »Dritte Welt«? Oder womöglich noch mehr?

Nicht wenige vertraten seinerzeit die Überzeugung, *jede* andere Rasse sei der Weißen unterlegen und ihr gegenüber als sittlich rückständig zu betrachten; bei den weißen Rassen wiederum seien ausnahmslos alle niedriger einzustufen als die angelsächsische. Wie groß aber war, wenn das zutraf, der Teil der Menschheit, der zur Vernichtung vorherbestimmt war?

Knox gebraucht den Ausdruck »die dunklen Rassen«. Welche aber sollten das sein? Eine Frage, die nicht einfach zu beantworten sei, wie Knox selber eingesteht. Sind die Juden eine dunkle Rasse? Die Zigeuner? Die Chinesen? Sie alle sind vergleichsweise dunkelhäutig, zumindest im Schnitt. Auch die Mongolen, die amerikanischen Indianer, die Eskimos, die Bewohner Afrikas, des Fernen Ostens und Australiens sind eher dunkel. »Welche Dimension der Vernichtung sich da auftut vor den germanischen, keltischen und sarmatischen Rassen!«

Nur eines empört ihn zutiefst: Heuchelei. Die Briten zum Beispiel, ereifert er sich, hätten soeben auf Neuseeland die vermutlich frechste Form einer Annexion erprobt: »Die Eingeborenen sind unter Schutz zu stellen!« verkündeten sie. – »Vielen herzlichen Dank!« kontert Knox. Sie sollen zwar keine Briten werden, nachdem man ihnen ihr Land genommen hat, aber geschützt werden!

Die Angelsachsen, so Knox, schützten die dunkelhäutigen Rassen nicht und vermischten sich auch nicht mit ihnen, nachdem sie ihnen ihr Land bis auf den letzten Quadratmeter weggenommen hätten. So sei es zumindest im englischen Teil Amerikas geschehen, und die englischen Eroberer zögen bereits weiter nach Süden. »Das Schicksal, dem die Mexikaner, Peruaner und Chilenen entgegensehen, steht außer Zweifel. Es heißt: Auslöschung ihrer Rasse, und das wird noch nicht einmal geleugnet werden.«

120

Können die dunkelhäutigen Rassen überhaupt zivilisiert werden? »Ich denke: Nein«, sagt Knox. »Ihre Zukunft muß folglich sein, wie ihre Vergangenheit war. Niemals wird die germanische Rasse sie tolerieren, niemals mit ihnen verschmelzen, niemals in Frieden mit ihnen zusammenleben. (...) Der heftigste je ausgetragene Krieg, der blutigste aller Feldzüge Napoleons – nichts ist mit der Schlacht zu vergleichen, die in diesem Augenblick zwischen unseren Nachfahren in Amerika und den dunklen Rassen dort tobt. Ein Krieg der Vernichtung. Jedes Banner trägt einen Totenkopf, es gibt kein Pardon und keine Kapitulation. Einer von beiden muß untergehen.«

Er tadele sie nicht, und er habe auch nicht die Absicht dies zu tun. »Der Mensch wird von seinen Trieben geleitet, seinen animalischen Trieben und seinem Instinkt. Seinen Verstand gebraucht er nur, um seine wahren Motive zu verschleiern und seine Absichten zu verheimlichen.«

Die Ureinwohner Amerikas seien aller Wahrscheinlichkeit nach bereits ihrer Auslöschung entgegengegangen, als die ersten Europäer den Kontinent betraten. »Nun wird sich das Schicksal all dieser Völker erfüllen, und nichts und niemand wird es aufhalten, denn es liegt in ihrer Natur.«

Schauen wir nach Südafrika. Der germanische Geist des Fortschritts führte zu Massakern unter den Eingeborenen. »Haben wir es mit den Hottentotten anders gemacht? Ich wage die Vermutung: Auch die südafrikanischen Eingeborenen werden in Kürze zu naturkundlichen Kuriositäten werden – einen Ausgestopften haben wir bereits in England, ein zweiter steht, wenn ich nicht irre, in Paris.

Robert Knox, Zeitgenössische Karikatur.
Aus *Knox, the Anatomist* von Isabel Rac, Edinburgh 1964.

(...) Mit einem Wort: sie werden schon bald von der Erdoberfläche verschwunden sein.«

Und die Chinesen, die Mongolen, die Tartaren und wie sie alle heißen – was wird aus denen werden? Nun, jeder weiß, was mit den Tasmaniern geschehen ist. Die Angelsachsen warfen sie aus deren eigenem Land. »Und kein Anflug von Reue über die Verstoßung, die letztlich eine Rasse vernichtete.«

Den Chinesen droht dasselbe. Ist es nicht zu einem Land des absoluten Stillstands verkommen? Keine Erfindungen, keine Entdeckungen, nichts. Die berühmte chinesische Kunst muß in Wahrheit die Kunst einer anderen Rasse sein, von den Chinesen übernommen, ohne sie wirklich zu verstehen. Nein, die Chinesen haben ihre besten Tage hinter sich, durchleben den letzten Abschnitt ihrer Geschichte, befinden sich bereits auf dem Gleis, das zur Endstation führt, in jene Halle, in der man verwahren wird, was von ihnen übrig bleibt: Überreste wie jene von den Vögeln und den Säugetieren der untergegangenen Welten Cuviers.

121

Wer war der Mann, der sich derart begeistert der Vernichtung von Menschen widmete? Knox war Schotte, hatte als Militärarzt in Südafrika gedient und eine Schule für anatomische Studien in Edinburgh gegründet. Als junger Student hatte auch Darwin seine umstrittenen Vorlesungen gehört.[54]

Es war nicht unüblich zu jener Zeit, daß ein Anatom sich seine Untersuchungs- und Demonstrationsobjekte von einem Grabräuber besorgen ließ. Knox allerdings geriet in Verdacht, professionelle Mörder beauftragt zu haben, um an ganz bestimmte, für seine Zwecke geeignete Körper zu gelangen. Das war das Ende seiner wissenschaftlichen Karriere.

Knox selbst sah sich als Rufer in der Wüste. Er allein hatte sie entdeckt, die Wahrheit über die Rassen. Nur Dummköpfe und Heuchler konnten sie in Frage stellen.

Der Durchbruch für Knox' Theorien kam mit Darwins *Über die Entstehung der Arten*. Zwar hielt sich Darwin mit einem konkreten Urteil zurück; seine Lehre von der Evolution war jedoch für die Rassisten ohne Zweifel äußerst nützlich.

Knox wurde rehabilitiert, kurz vor seinem Tode wurde er noch als Mitglied in die »Ethnographische Gesellschaft« aufgenommen, in der seit geraumer Zeit eine Gruppe »rassenbewußter« Anthropologen den Ton angab.

1863 spaltete sich die Gruppe dieser Knox-Anhänger ab und gründete die »Anthropologische Gesellschaft«, eine explizit rassistische Vereinigung, deren Gründungsvortrag unter dem Titel: *On the Negro's Place in Nature* mit Nachdruck auf die Verwandtschaft von Schwarzen und Affen verwies.

Wenig später nahm die Gesellschaft die brutale Niederschlagung eines Aufstandes auf Jamaica zum Anlaß für eine öffentliche Veranstaltung. Kapitän Gordon Pim behauptete in seinem Vortrag, es sei die wahre Philanthropie, Eingeborene zu töten. Es gebe, so Pim, »barmherzige Gemetzel«.

Die Zeit hatte Robert Knox eingeholt. Galt die Rasse in früheren Zeiten als einer von mehreren prägenden Faktoren menschlicher Kultur, so wurde sie nach Darwin für einen immer größeren Teil der Gesellschaft zur alles entscheidenden Erklärung.

Rassismus war etabliert und wurde zu einem zentralen Element der britischen imperialistischen Ideologie.[55]

122

Wie alle anderen folge ich denen vor mir und spüre die Nachfolgenden hinter mir. Wir gehen die enge Treppe empor. Als Geländer dient ein dickes Seil, das ein Gefühl von Sicherheit vermitteln soll. Die Stufen winden sich wie im Inneren eines Kirchturms, oder ist es ein Minarett? Die Wendeltreppe führt in die Windungen des Gehirns hinein. Sie wird immer enger, doch die vielen Nachdrängenden machen eine Umkehr unmöglich, ebenso jeden noch so kurzen Halt. Der Druck von hinten zwingt mich nach vorne.

Plötzlich enden die Stufen an einer Art Müllschlucker in der Mauer. Ich öffne die Luke, zwänge mich durch das Loch und befinde mich außerhalb des Turms. Kein Seil mehr, um sich festzuhalten, nichts. Absolute Dunkelheit. Ich klammere mich an die rutschige, eisige Mauer des Turms und versuche vergeblich, mit meinen Füßen Halt in der Leere zu finden.

123

Völkermord? In der Zeit nach Darwin zuckte man mit der Schulter. Wer sich darüber aufregte, verriet nur einen Mangel an Bildung. Nur ein paar kauzige Alte hatten mit dem Gang der Zeit nicht Schritt halten können und protestierten. Das Schicksal der Tasmanier wurde zum Paradigma, dem sich ein Weltteil nach dem anderen fügte.

W. Winrood Reade, Mitglied sowohl der geographischen wie der anthropologischen Gesellschaft in Paris schließt sein 1864 erschienenes Buch *Savage Africa* mit einer Prognose über die Zukunft der schwarzen Rasse: Afrika werde zwischen England und Frankreich aufgeteilt. Unter der europäischen Herrschaft würden die Afrikaner Gräben ausheben und die Wüste bewässern. Harte Arbeit, gewiß, und es sei nicht auszuschließen, daß die Afrikaner daran komplett zugrunde gingen.

»Wir müssen dem mit Fassung entgegen sehen. Es ist eine Wohltat der Natur, daß die Schwachen stets von den Starken verschlungen werden.«

Eine dankbare Nachwelt werde die Erinnerung an die Schwarzen in Ehren halten, »und eines nicht allzu fernen Tages werden weinende Damen unter Palmen sitzen, *The Last Negro* lesen und der Niger wird, vergleichbar dem Rhein in Europa, zu einem romantischen Mythos geworden sein.«[56]

124

Für den 19. Januar 1864 hatte die »Anthropologische Gesellschaft« in London zu einer Diskussion über die Auslöschung niederer Rassen eingeladen.[57]

In seinem Einleitungsvortrag, »Die Auslöschung von Rassen«, erinnerte Richard Lee seine Zuhörer an das Schicksal der Tasmanier. Und nun, so Lee, sind offenbar die Maori auf Neuseeland an der Reihe. Binnen weniger Jahrzehnte hat sich deren Zahl um mehr als die Hälfte verringert, wobei die Ursachen noch nicht vollständig zu klären seien. Krankheit, Trunksucht und »gewisse Feindseligkeiten zwischen der weißen und der farbigen Bevölkerung« spielten zwar eine Rolle. Sie erklärten aber weder, weshalb der weibliche Teil der Maori erheblich schneller abnehme als der männliche, noch, warum so viele Ehen bei den Maori kinderlos blieben.

Doch wo auch immer die Gründe liegen mögen: Jeder könne hier mit eigenen Augen beobachten, wie eine »Rasse« Platz mache für eine andere, höher entwickelte. In wenigen Jahren schon werde die Erde eine andere sein, und zweifelsohne würden die Zivilisierten das Land besser zu nutzen verstehen, das so lange das friedliche Zuhause des schwarzen Mannes war. Keine Frage – eine neue Ära breche an; eine, in der sich die Unternehmungen der Menschen vervielfachen werden.

Die Flutwelle der europäischen Zivilisation werde stärker werden und sich über die Erde ergießen. Vor allem die angelsächsische Rasse werde dabei, dank ihrer geistigen und moralischen Überlegenheit, alle vorherigen Bewohner wegspülen. Licht, so Richard Lee, werde die Dunkelheit verdrängen.

Sein Widersacher T. Bendyshe hingegen verwies auf die Philippinen, wo höhere und niedere Rassen zusammenlebten, ohne daß die niedere ausgelöscht werde. Es könne also kein Naturgesetz sein. Die Eingeborenen stürben nur dort aus, wo man sie ihres Landes und damit ihrer Möglichkeiten, sich den Lebensunterhalt zu erwirtschaften, beraube. In Nordamerika zum Beispiel lebten noch immer genügend Ureinwohner, um den Kontinent wieder mit ihnen zu bevölkern, und das obwohl einige Indianerstämme bereits vollständig ausgerottet worden seien. Voraussetzung dafür sei allerdings die Rückgabe ihres angestammtes Landes. Im übrigen, so Bendyshe abschließend, vermehre sich der Mensch, gemäß des Malthusschen Gesetzes, unabhängig von seiner Rasse.

A.R. Wallace, der Mitentdecker der Evolutionstheorie, behauptete, eine Rasse brauche um so mehr Land, um leben zu können, je weniger entwickelt sie sei. Wo also die Europäer mit ihrer größeren Energie das Land der Ureinwohner übernommen hätten, müßten die niederen Rassen schnellstmöglich zivilisiert werden, um überhaupt eine Chance zu haben, mithalten zu können. Zivilisation allerdings könne nur langsam und Schritt für Schritt erworben werden, weshalb das Aussterben der niederen Rassen eben doch nur eine Frage der Zeit sei.

125

Später am selben Abend führte Wallace seine Ansichten über die Auslöschung menschlicher Rassen einen Vortrag unter dem Titel »Die Herkunft der menschlichen Rassen« noch etwas detaillierter aus.

»Auslöschung« sei letztlich nur ein anderes Wort für natürliche Selektion. Allein der Kontakt mit den Europäern führe die niederen, geistig unterentwickelten Völker anderer Kontinente unvermeidbar in den Untergang. Die überlegenen physischen, moralischen und geistigen Qualitäten der Europäer bedingten deren Ausbreitung zu Lasten der Wilden, nicht anders als »die Pflanzen und das Unkraut Europas Nordamerika und Australien erobert und dabei allein aufgrund ihrer Durchsetzungskraft, ihrer rascheren Vermehrung und ihrer besseren Überlebensfähigkeit die einheimische Fauna zurückgedrängt haben«.

Als Darwin diese Ausführungen las, unterstrich er mit kräftiger Feder das Wort »Unkraut« und vermerkte am Rand: »Ratte«. In *Die Abstammung des Menschen* schreibt er dazu: »Der Neuseeländer vergleicht sein zukünftiges Schicksal mit dem der einheimischen Ratte, die von der europäischen nahezu vollständig verdrängt und ausgerottet worden ist.«[58]

Ohne Schwierigkeiten gewöhnten sich europäische Tiere und Pflanzen an das Klima und die Bodenverhältnisse in Amerika und Australien. Umgekehrt wurden, abgesehen von der Kartoffel, in Europa nur wenige amerikanische und australische Pflanzen heimisch. Diese Parallelen aus der Pflanzen- und Tierwelt leisteten dem Glauben an eine biologische Überlegenheit der Europäer und den unvermeidbaren Niedergang aller übrigen Rassen zusätzlich Vorschub. Allerdings weckten die Parallelen auch Zweifel: Warum zum Beispiel verbreitete sich das Unkraut in den Kolonien schneller und dichter als irgendeine der vielen von den Europäern eingeführten Nutzpflanzen? War es wirklich auf die geistige und die moralische Überlegenheit der europäischen Ratte zurückzuführen, wenn sie die anderen Ratten verdrängte und ausrottete?

126

Es ist Weihnachten. Wir sind bei den Tidelius von gegenüber zu Gast, sitzen um eine festlich gedeckte Tafel im großen Salon, vor dem schwarz verspiegelten Schrank, auf Eichenstühlen mit unbequem hohen Lehnen. Ich bin gerade groß genug, um über die Tischkante zu blicken. Über mir funkelt der Kronleuchter, vor mir das Besteck und das Porzellan. Die weiße Tischdecke ist aus einem dicken, festen Stoff, der an den Falten kleine Hügel wirft, die Frau Tidelius unaufhörlich mit ihren Händen zu glätten versucht. Plötzlich ist ein verängstigtes Piepsen zu hören, wie bei der Getreideernte, wenn der Schnitter ein Mäusenest im Kornfeld freigelegt hat. Die Felder grenzten seinerzeit noch direkt an das Grundstück um unser Haus, und oft streunten Uffe und ich um die große Scheune beim Gutshaus herum, wo es mindestens so viele Ratten wie Katzen gab. Auch Uffes Gedanken gehen in diese Richtung, als jetzt, am Weihnachtsabend, das unverkennbare Piepsen ertönt und

Frau Tidelius mit einem spitzen Schrei von ihrem Platz aufspringt. Herr Tidelius eilt ihr zu Hilfe. Er ist gut doppelt so alt wie sie, ein eleganter, vitaler, älterer Herr von strammer Haltung, der allmorgendlich Punkt sechs Uhr zur Bahn marschiert, um wenig später die Tür zu seiner Damenschneiderei in der Samuelsgatan aufzuschließen. Ein exzellenter Schneider, keine Frage, aber kein Spezialist in Sachen Ratten. Er hebt die Tischdecke hoch, um einen Blick darunter zu werfen – und schwupp, saust die Ratte die Falte entlang zur Tischmitte hin. Gläser fallen um, das Tohuwabohu ist perfekt. Jeder versucht zu retten, was zu retten ist, reißt Gläser und Teller vom Tisch, packt einen Zipfel der Tischdecke und versucht, die Ratte damit zu fangen. Die quietscht und faucht immer lauter und aggressiver, rennt kreuz und quer unter der Tischdecke hin und her und scheint jedes Mal, wenn sie die Richtung ändert, größer zu werden.

Nicht einfach, sich vorzustellen, was mein Vater in dem Moment tat. Später, als alter Mann, war er ein Mensch von sanfter Liebenswürdigkeit. Als ich klein war, war es anders. Ich erinnere mich noch gut an die Ratte mit dem schon angegrauten Fell von der Größe einer kleinen Katze, die eines Tages gemächlich über unseren Rasen lief. Es muß ihre provozierende Unbekümmertheit gewesen sein, die Vater derart in Rage brachte. Er riß die Tür zur Veranda auf, rannte den kleinen Abhang hinab, schnappte sich im Vorbeigehen ein Brett, hatte die Ratte eingeholt, bevor diese sich der drohenden Gefahr überhaupt bewußt werden konnte, und tötete sie, indem er sie mit einem Schlag gegen den Sockel des Zaunes schmetterte.

In einem ähnlichen Gemütszustand war Vater auch in dem Moment, als er in die Küche unserer Gastgeber rannte, um von dort die große Axt zu holen, mit der sonst das Brennholz für den Ofen gespalten wurde. Unter den vereinten »Bravo!«-Rufen der Frauen, reißt er sie hoch über den Kopf und schlägt sie mit all seiner Kraft exakt dort in das Tischtuch hinein, wo es sich ausbeult. Die Klinge geht durch die damastene Weihnachtsdecke und ihre Unterlage und bleibt mit einem dumpfen Geräusch im dunklen Eichentisch stecken. Stille. Kein Piepsen, kein Fauchen, keine Bewegung mehr. Keine Frage – die Ratte ist tot. Wie angewurzelt stehen wir da und starren auf den Griff der Axt, der von der Wucht des Schlages immer noch vibriert und zur Zimmerdecke zeigt.

Nun muß, bevor das Weihnachtsessen fortgesetzt werden kann, der Rattenkadaver weg. Die vier Erwachsenen räumen den Tisch ab und lösen die Axt. Dann verteilen sie sich an den vier Ecken der Tafel und heben zuerst das Tischtuch, dann die Unterlage an. Nichts. Keine Spur von einer Ratte. Verschwunden. Weg. Und keiner sagt ein Wort. Niemand fragt, wie sie entkommen konnte und wohin sie gelaufen sein könnte. Alle stehen nur da und starren ungläubig auf die tiefe weiße Kerbe, die der Axthieb in der Tischplatte hinterlassen hat.

»Ich werde ein Stück Eichenholz zurechtschneiden und beizen, damit es dieselbe Farbe bekommt«, sagt Vater, der sehr geschickt im Umgang mit Holz ist. »Man wird es kaum mehr sehen.« Unsere Gastgeber danken es ihm überschwenglich. Die Atmosphäre, in der wir unser Weihnachtsmahl vollenden, bleibt seltsam angespannt. Wir gehen bald.

127

Selbst jene, die in der »Ethnographischen Gesellschaft« blieben, glaubten schließlich, daß die sogenannten niederen Rassen zum Untergang verdammt seien. Am 27. März 1866 hielt Frederick Farrar einen Vortrag zum Thema »Aptitude of the Races«. Dabei unterteilte er die Rassen der Menschheit in drei Gruppierungen: wilde, halbzivilisierte, zivilisierte. Nur zwei Rassen nannte er »zivilisiert«: die arische und die jüdische. Die Chinesen zählte Farrar zu den halbzivilisierten Rassen, da sie zwar einst eine prächtige Kultur entwickelt hätten, sich aber nun durch eine »gehemmte Entwicklungsfähigkeit« auszeichneten. Die wilden Rassen hätten dagegen immer in derselben Unwissenheit und Erbärmlichkeit gelebt.

> »Sie haben weder eine Vergangenheit, noch haben sie eine Zukunft, und sie sind, wie auch schon edlere Rassen vor ihnen, zu

schnellem und vollständigen Aussterben verdammt – zu einem Schicksal, das womöglich sogar zum Besten der Menschheit ist. (...) Trotz ihrer riesigen Zahl haben sie nicht einen einzigen Menschen hervorgebracht, dessen Name für die Geschichte unserer Rasse auch nur von geringster Bedeutung wäre. Und gingen sie morgen in einer großen Sintflut unter – würden sie der Welt nicht mehr Spuren ihrer Existenz hinterlassen, als ihre sterblichen Überreste.

Ich nenne sie *unverbesserliche* Wilde (...), da sie überall dort, wo die Zivilisation an Einfluß gewinnt, rascher aus dem Gesichtsfeld verschwinden als Schnee unter den ersten warmen Sonnenstrahlen.«[59]

Die Indianer seien für all das nur ein Beispiel. Ebensogut ließe sich die Behauptung an den zig Millionen Afrikanern beweisen, und zwar keineswegs nur an den degenerierten Hottentotten. Auch jeder echte, reinblütige Neger tauge als Beweis. Welche Hoffnung hatte man sich einst gemacht, diese zu zivilisieren! Inzwischen sei sicher: Die große Mehrheit von ihnen werde untergehen, und nur wenige würden gerettet werden können.

Viele Rassen seien bereits verschwunden. Diese Rassen, die zu den niedrigsten Formen menschlichen Daseins gehört und die abscheulichsten Ausprägungen sittlicher und geistiger Verkommenheit verkörpert hätten, seien zum Untergang verdammt gewesen. »Weil Dunkelheit, Faulheit und Dummheit nicht mit Wissen, Fleiß und Licht zusammenleben können.«

128

Wie geht das vor sich, wenn »Wissen«, »Fleiß« und »Licht« töten?

Darwin wußte es. Mit eigenen Augen hatte er gesehen, wie die Männer von General Rosas Truppen die Indianer der Pampa abschlachteten, wie von oben bis unten Blut und Erbrochenes an ihnen klebte. Darwin wußte, wie einem Indianer, der sich im Daumen seines Mörders verbissen hatte und nicht loslassen wollte, die

Augen ausgestochen wurden, er wußte, wie man Frauen massakrierte und Gefangene zum Reden brachte. Darwin hatte sogar einen Begriff dafür. Er nannte es »Überlebenskampf«.

Darwin wußte nur zu gut, was es mit seinem »Überlebenskampf« auf sich hatte. Trotzdem glaubte er, daß sich die Gattung Mensch dadurch weiterentwickeln und »veredeln« würde. Und Wallace pflichtete ihm bei. Die Ausrottung sogenannter niederer Rassen sei gerechtfertigt, da sie die Unterschiede zwischen den Rassen Schritt für Schritt verringere, solange bis die Welt nur noch von einer einzigen, nahezu homogenen Rasse bevölkert sein werde. Dann werde niemand mehr existieren, der den edlen Rassen seiner Tage unterlegen sei.

Befremdlich allerdings sei, so schränkte Wallace ein, daß der kleine Fortschritt, den man unzweifelhaft auf dieses Ziel hin gemacht habe, keineswegs an allen Orten einhergehe mit einer natürlichen Selektion. »Die Besten« seien gar nicht die Sieger in diesem Existenzkampf. Vielmehr seien es die geistig und sittlich Mittelmäßigen, um nicht zu sagen, die Unterentwickelten, kurzum: das Unkraut, das sich am besten durchsetzen und am raschesten fortpflanzen könne.

129

Wallace hatte einen wunden Punkt getroffen. Im September 1868 nahm William Greg seine Überlegungen zum Anlaß für einen Artikel in *Frazer's Magazine*, den wiederum Darwin las und kommentierte.

Greg war beunruhigt. »Ausgerechnet die Mittelklasse«, so schrieb er, »die doch den tatkräftigen, zuverlässigen und aufstrebenden Teil unserer Bevölkerung« verkörpere, habe bei weitem weniger Kinder als die Ober- und die Unterschicht, die beide, wenn auch aus unterschiedlichen Gründen, keinen Anlaß für Zurückhaltung in geschlechtlicher Hinsicht hätten.

»Das gerechte und begrüßenswerte Gesetz natürlicher Selektion« sei außer Kraft, der britischen Gesellschaft drohe wie einst den alten Griechen und Römern die Überzivilisierung.

Immerhin, so Greg, schienen die Gesetze der Natur noch dort zu funktionieren, wo es um das Verhältnis der Völker untereinander gehe. Hier zumindest seien die von der Natur Begünstigten auch die Stärksten und Tüchtigsten. Die Begünstigten seien die Gewinner, die die »niederen Stämme« regieren, überwinden, bekämpfen oder durch Arbeit vernichten.

Für Greg ist der Kampf der Rassen untereinander die einzige Möglichkeit dafür, daß die zivilisierte Gesellschaft lebendig und in der Lage bleibt, sich weiterzuentwickeln. Nur indem wir andere Rassen auslöschen, können wir den Verfall der eigenen Rasse vermeiden, der ansonsten die zwangsläufige Konsequenz des Zivilisationsprozesses wäre, mit dem die natürliche Selektion außer Kraft gesetzt wird.

130

Ich habe mir mein Essen auf dem Computer gekocht. Auf dem Bildschirm in der Tür des Mikrowellenherdes, wo es heiß gemacht wird. Auf dem Weg nach Hause, mein Abendessen auf einer Diskette, überfällt mich ein Mann in folkloristischer Kleidung und einem farbenfrohen, gestrickten Mützchen auf dem Kopf. Er raubt mir meine Diskette. Ich versuche ihn aufzuhalten und wache auf, weil ich mit aller Kraft gegen den Stuhl getreten habe, der an meinem Bett steht. Noch immer schmerzt der Fuß beim Gehen.

131

Darwins Cousin Francis Galton war es, der die Debatte in seinem 1869 erschienenen Buch *Hereditary Genius* fortgeführt hat. Die Geschichte geologischer Veränderungen zeige, so heißt es dort, wie tierische Lebewesen seit jeher gezwungen gewesen seien, sich veränderten Lebensbedingungen anzupassen. Auch die Zivilisation sei nichts anderes als eine Art veränderter Lebensbedingung, mit der die Menschheit lernen müsse zu leben. Genau daran aber scheiterten viele. Eine große Anzahl menschlicher Rassen würde förmlich ausradiert unter dem Druck der neuen Anforderungen. Vermutlich, so Galton, habe noch nie zuvor in der Geschichte unserer Welt der Untergang von Tierarten ähnlich große Gebiete betroffen und sei so schnell gegangen, wie jetzt der Untergang des wilden Menschen.

Das solle zu denken geben. Denn selbst jene, die mit der Zivilisation zurecht kämen, seien ihr letztlich unterlegen. Schon jetzt seien Staatsmänner, Philosophen, ja sogar Handwerker und Arbeiter mit Anforderungen konfrontiert, die sie nicht zu bewältigen vermochten.

Das Fazit liege auf der Hand: Sofern man nicht denselben Weg gehen wolle wie die ausgestorbenen Tiere und Menschen, müsse man erbliche Faktoren ausbilden, die die Überlebensfähigkeit so stärken könnten, daß man mit allen Bedingungen zurechtkomme, die die Zivilisation hervorgebracht habe und noch hervorbringen werde.

Es gelte also, sich in der verbleibenden Zeit bis zur Jahrhundertwende verstärkt dem Studium und der Ausarbeitung von Methoden zu widmen, die geeignet seien, das Erbgut der Gesellschaft zu verbessern.

Galton sollte viele eifrige Schüler haben, nicht nur in Deutschland. In Schweden existierte das staatliche Institut für Rassenkunde mit Sitz in Uppsala noch in den fünfziger Jahren unseres Jahrhunderts.

132

Benjamin Kidds greift Galtons Idee in seiner enorm erfolgreichen Abhandlung *Social Evolution* (1894) an, in der er unter anderem darlegt, wie unvergleichlich effizient die Angelsachsen bei der Auslöschung unterentwickelter Völker vorgingen. Keine andere Rasse könne ihnen dabei das Wasser reichen. Geradezu instinktiv ziehe es den zivilisierten Angelsachsen in die Fremde, um dort die natürlichen Ressourcen zu erschließen – mit Begleiterscheinungen, die unvermeidbar seien.

Dieser Rassenkampf, der die Unterwerfung, ja, die Ausrottung der Schwächeren zur Folge habe, sei keineswegs ein Element der Vergangenheit. Vielmehr finde er tagtäglich vor den Augen aller statt, unter dem Schutz der angelsächsischen Zivilisation, auf die man gemeinhin so stolz sei und die man, mit den höchsten moralischen Idealen gleichzusetzen pflege.

Für die Rasse, die in diesem Kampf die Oberhand behalten wolle, schreibt Kidd, werde die Ausrottung anderer Rassen zu einer harten, aber unumgänglichen Bedingung. Freilich, man könne die Umstände humaner gestalten; grundsätzlich ändern aber ließen sie sich nicht. Viel zu tief seien sie verwurzelt in physiologischen Zusammenhängen, aus denen es kein Entrinnen gebe.

133

Wallace, Greg, Galton und Kidd teilten das Unbehagen darüber, daß die von ihnen vertretene Theorie offenbar nicht übereinstimmte mit der Realität. Es waren die Falschen, die sich vermehrten. Warum begünstigte die natürliche Selektion nicht jene, die sie begünstigen sollte? Deshalb war es für sie tröstlich, sich dem Rassenkampf zu widmen. Hier zumindest schienen Theorie und Wirklichkeit übereinzustimmen. Schließlich hatte diese Realität ja einmal als Grundlage für die Theorie gedient, die sie weiterentwickelt hatten.

Gemeinsam war den vieren aber auch ihr Unbehagen an gewissen Veränderungen in der Gesellschaft, die sich weit von dem entfernt hatte, was sie in der Zeit ihrer Kindheit war. Würde die Gesellschaft, die man geschaffen hatte, sie eines Tages selbst vernichten, wie sie jetzt die Wilden vernichtet hatte? Hatte man sich zu weit von der Natur entfernt?

Gemeinsam war ihnen nicht zuletzt das Bedürfnis, den Genozid zu rechtfertigen und ihm zur allgemeinen Anerkennung zu verhelfen. Die Auslöschung von Völkern sei nicht zu vermeiden, wirke sich offensichtlich vitalisierend auf ihre Vernichter aus und habe im übrigen tiefere, geheimnisvolle Gründe. Auch sei gar nicht sicher, ob die Konsequenzen für die Opfer wirklich nur unerfreulich seien.

Galton behauptete, die Auslöschung eines Volkes lasse sich nicht zwangsläufig mit »Leid« gleichsetzen. Eher habe sie etwas mit Apathie und Lustlosigkeit zu tun. Die Geschlechter verlören offenbar das Interesse aneinander, nachdem sie mit der Zivilisation in Berührung gekommen seien. Das habe zur Folge, daß sich die Zahl ihrer Nachkommen verringere. Ein unglückseliger Umstand, der trotzdem kaum als »Leid« zu bezeichnen sei ...

Was aber verursachte diese Apathie? Worum handelte es sich bei den tiefgründigen physiologischen Ursachen, von denen hier die Rede war? Zu Beginn des 19. Jahrhunderts, in den Tagen von Howison und Merivale schienen die Antworten auf diese Fragen noch klar. [60] Gegen Ende des 19. Jahrhunderts waren sie in einem Nebel rassistischer Theorien und Phrasen verschwunden.

134

Aufgestellt, um von hinten erschossen zu werden. Warten auf den Schuß, den Schmerz, das Ende.

Wir sind zu mehreren. Während wir warten, schreiben wir. Stehen dort und schreiben. Schreiben und warten, daß die Schüsse endlich abgefeuert werden.

Als unsere Körper kalt wie Leichen sind, kommt eine Postanweisung über fünf Mark. »Vielen Dank für Ihre Mitwirkung« steht auf dem Kontrollabschnitt.

135

Mein Anliegen war es zu zeigen, wie stark das 19. Jahrhundert geprägt war von der Idee, es gebe Rassen, Völker, Nationen und Stämme auf der Erde, die im Begriff seien auszusterben. Oder, wie Lord Salisbury, der Premierminister von Großbritannien, sich in seiner berühmt gewordenen Rede vom 4. Mai 1898 in der Royal Albert Hall ausgedrückt hat: »Die Nationen der Welt lassen sich, grob gesprochen, in zwei Gruppen einteilen: die Lebenden und die Sterbenden.«[61]

Ein Bild, das der Wirklichkeit beängstigend nah kam.

Die schwachen Nationen, so ergänzte Lord Salisbury, würden immer schwächer, die starken immer stärker. Folglich liege es in der Natur der Dinge, wenn die »lebenden Nationen sich des Gebietes der Sterbenden bemächtigen«.

In gewisser Weise hatte er recht. Riesige Gebiete im nördlichen Asien, in Nord- und Südamerika, in Afrika und Australien hatten sich die Europäer im Laufe des 19. Jahrhunderts angeeignet. Allerdings starben die »sterbenden Nationen« gerade deshalb, weil man ihnen ihr Land genommen hatte.

Noch war der Begriff »Genozid« nicht erfunden. Aber den Sachverhalt gab es schon.

Ich will nicht behaupten, Joseph Conrad habe die Rede von Lord Salisbury gehört. Er brauchte sie gar nicht zu hören. Ihm reichte, was er von Dilke in der *Cosmopolis* gelesen hatte, von Wells in *Der Krieg der Welten*, von Graham in *Higginson's Dream*. Conrad konnte es nicht vermeiden, von dem unaufhörlichen Völkermord, der sein Jahrhundert prägte, etwas mitzubekommen. Und seine Zeitgenossen konnten es ebensowenig.

Wir sind es, die all dies verdrängen. Wir sind es, die sich nicht erinnern wollen. Wenn es nach uns geht, so hat der Genozid mit den Nazis zu beginnen und auch mit den Nazis wieder aufzuhören. Es ist bequem, so zu denken.

Der neunjährige Adolf Hitler, da bin ich ziemlich sicher, war nicht anwesend, als Lord Salisbury in der Royal Albert Hall sprach.

Mußte er auch nicht. Was dort zu hören war, wußte er längst. Es lag in der Luft. Man atmete es förmlich ein. Die Menschen der westlichen Welt lebten zur Zeit seiner Kindheit in der festen Überzeugung, der Imperialismus sei ein notwendiger Prozeß im biologischen System. Ein Prozeß, der im Einklang mit der Natur zu einer unvermeidlichen Vernichtung niederer Rassen führe. Diese Überzeugung hatte bereits Millionen von Menschen das Leben gekostet, bevor Hitler sie auf seine ganz persönliche Weise umsetzte.

Lebensraum, Todesraum

»Das Recht der stärkeren Rasse,
die niedere zu vernichten«

136

Bis zur Mitte des 19. Jahrhunderts waren die Deutschen noch nicht an der Auslöschung von Völkern beteiligt gewesen und konnten deshalb das Phänomen erheblich kritischer betrachten als andere europäische Nationen. Die wohl gründlichste Untersuchung über Völker, die von der Vernichtung bedroht waren, dürfte der deutsche Anthropologe Theodor Waitz unter dem Titel *Anthropologie der Naturvölker* (1859–62) vorgelegt haben. Waitz sammelt und analysiert in seiner Studie die Informationen aus Berichten zahlreicher Wissenschaftler, die Reisen in die Kolonien unternommen hatten.

Auch sein Schüler Georg Gerland nahm sich des Problems der Völkervernichtung an und veröffentlichte im Jahre 1868 seine Abhandlung *Über das Aussterben der Naturvölker.* Gerland listet alle denkbaren in der Debatte erwähnten Ursachen für das Aussterben von Naturvölkern auf und wägt sie gegeneinander ab: mangelnde Körperpflege bei Erwachsenen und bei Kindern, Verweigerung bestimmter Nahrungsmittel, Auffälligkeiten wie Trägheit, Starrsinn und Depression, sexuelle Abarten und Ausschweifungen, Neigung zum Drogenkonsum, Stammeskriege, Kannibalismus und Menschenopfer, die häufige Anwendung der Todesstrafe, unwirtliche Lebensverhältnisse und schließlich die Einflüsse höherer Kulturen sowie die Behandlung durch die weißen Kolonisatoren.

Gerlands Fazit zufolge waren die von den Weißen eingeschleppten Krankheiten oft der entscheidende Auslöser für den Untergang der Eingeborenen. Denn selbst der gesunde Weiße berge für die

Angehörigen der Naturvölker eine Infektionsgefahr. Grund sei sein »Miasma«, eine Art schädlicher Ausdünstung und zu jener Zeit der Begriff für das, was wir heute unter Bakterien oder Viren verstehen.

Die Wirkung des »Miasmas«, so Gerland, sei um so stärker und verheerender, je weiter entfernt und je freier davon ein Mensch bislang leben konnte. Die Europäer hätten nach und nach eine Widerstandskraft dagegen aufgebaut, die den Naturvölkern fehle. Deshalb stürben sie daran.

Ein weitaus entscheidenderer Faktor sei jedoch das feindlich gesinnte Verhalten der Weißen. Ein Verhalten, das im Begriff sei, eines der dunkelsten Kapitel in der Geschichte der Menschheit überhaupt zu schreiben. »Kulturelle Gewalt« sei dabei noch schlimmer als körperliche Gewalt, so Gerland.

Das Leben der primitiven Völker sei so sehr an die klimatischen Bedingungen und Naturgegebenheiten angepaßt, daß plötzliche Veränderungen, wie harmlos und nützlich sie auch immer scheinen mögen, verheerende Auswirkungen hätten. Tiefgreifende Veränderungen wie die Privatisierung von Land, das bisher öffentlicher Besitzt war, bedeuteten einen existentiellen Eingriff in die Lebensgrundlage.

Ob aus Habgier oder aus Mangel an Verständnis: die Europäer zerstörten die Basis dessen, was bislang prägend war für die Gedanken, die Gefühle und den Glauben der Naturvölker. Wenn das Leben für sie den Sinn verliere, stürben sie aus.

Körperliche Gewalt sei aber der offensichtlichste und greifbarste Faktor bei der Völkervernichtung. Dabei sei die Blutrünstigkeit der Weißen um so befremdlicher, als sie vor allem bei kulturell und geistig hochstehenden Menschen auszumachen sei. Gerland fügte hinzu: »Man sage nicht, daß die von den Europäern verübten Schlechtigkeiten nur einzelnen Individuen zur Last zu legen seien: Sie sind so ziemlich gleichmäßig von der gesamten Kolonialistenbevölkerung ausgeführt und jedenfalls von ihr höchst persönlich gebilligt worden; ja es fehlt noch viel, daß sie jetzt überall getadelt würden.«

Es gebe kein Naturgesetz, das die primitiven Völker zum Auster-

ben verurteile. Nur wenige Völker seien bisher vollständig untergegangen. Nirgends habe man auch nur einen einzigen Anhaltspunkt
körperlicher oder geistiger Art bei ihnen finden können, der darauf
hinweise, daß sie nicht in der Lage seien, sich weiterzuentwickeln.
Respektiere man ihre natürlichen Rechte, so könnten sie auch wei-
terleben.

Darwin las die Abhandlung von Gerland und bezog sich in *Die
Abstammung des Menschen* darauf.[62] Stärker beeinflußten ihn jedoch
Lyell, Wallace, Greg und vor allem Galton, der seinerseits bereits
»Darwinsche Gesetze« für den Menschen und die Gesellschaft formuliert hatte, die im wesentlichen auf Darwins Schrift *Über die Entstehung der Arten* zurückzuführen waren. Darwin kamen die zuvor,
die ihm selbst zum Teil nur nachplapperten.

137

Um die Jahrhundertwende dann war Friedrich Ratzel die deutsche
Autorität auf diesem Gebiet. Er hatte das zehnte Kapitel seiner 1891
erschienen *Anthropogeographie* dem »Rückgang kulturarmer Völker
in Berührung mit der Natur« gewidmet.

Es sei, so schreibt er, eine beklagenswerte Regel, daß unterent-
wickelte Völker zum Aussterben verdammt seien, sobald sie in Kontakt mit höher kultivierten Völkern kämen. Das hätte man bei der
großen Mehrheit von Australiern, Polynesiern, Nordasiaten, Nord-
amerikanern und bei vielen Völkern in Südafrika und Südamerika
beobachten können. Und dennoch: »Die (...) Lehre, daß einzelne
Rassen allein durch die Schwäche ihrer Organisation zum Unter-
gange verurteilt seien, ist zu verwerfen.« Vielmehr seien die Europäer der Grund für die Vernichtung. Wo immer die »überlegene
Rasse« in der Minderheit sei, müsse sie versuchen, die Eingeborenen
zu schwächen und die Herrschaft an sich zu reißen. Deshalb würden
die Eingeborenen umgebracht, ausgebeutet und vertrieben, ihre
sozialen Strukturen zerstört.

Eines der grundlegenden Merkmale weißer Politik sei der Angriff des Starken auf den Schwachen, mit dem Ziel, ihm sein Land wegzunehmen. Das Phänomen habe in Nordamerika besonders großartige Formen angenommen. Massen von landhungrigen Weißen fielen dort in die kleinen und zum Teil heruntergekommenen Siedlungen der Indianer ein. Um 1900 war das Eindringen der immer noch steigenden Zahl von Einwanderern in die Gebiete der indigenen Bevölkerung vertragswidrig – und damit auch der Hauptgrund für ihre Ausrottung.

Bis hierher klingt Ratzel kaum anders als Gerland. Und beide vertreten den seit Waitz unangefochtenen Standpunkt der deutschen Anthropologie. Noch hatten die Deutschen keine Kolonien.

138

Zu Beginn der 1890er Jahre entwickelte auch das Deutsche Reich koloniale Ambitionen. In dem Jahr, als Friedrich Ratzels *Anthropogeographie* erschien, wurde er Gründungsmitglied des »Alldeutschen Verbandes«, einer rechtsextremen Organisation, deren oberstes Ziel der Aufbau eines Kolonialreiches unter deutscher Flagge war. Ratzel widersprach sich plötzlich selbst im Hinblick auf seine Ansichten über die Vernichtung niederer Rassen.

Es stelle sich doch die Frage, so Ratzel jetzt, inwieweit dieser traurige Prozeß nicht von einer bestimmten »dämonischen Notwendigkeit« vorangetrieben werde.

Gewalttaten und Landraub mochten in der Tat zwei gewichtige Ursachen für den Niedergang der Naturvölker sein. Mit der Schlußfolgerung jedoch, dies seien die alleinigen Gründe, mache man es sich zu leicht.

Jeder, der genauer hinsehe, müsse erkennen, daß die europäischen Übergriffe allenfalls ein bereits bestehendes Übel verstärkten. Kulturarme Völker trügen innere Zerstörungskräfte in sich, die beim geringsten Anlaß ausbrächen. Ihr Untergang könne deshalb nicht nur als Ergebnis der Angriffe durch weiterentwickelte Völker betrachtet werden.

Jeder Kulturarme sei von einer durch und durch passiven Charakteranlage. Anstatt gegen die Umstände, die sein Volk dezimierten, aktiv vorzugehen, versuche er nur, sie auszuhalten. Der Kontakt mit Europäern beschleunige lediglich einen Untergang, der bereits begonnen habe. Viele Völker von kulturell unterentwickeltem Niveau seien aus internen Gründen ausgestorben, ohne jegliche Angriffe von außen.

Eine bemerkenswerte Wende, die Ratzel da vollzog. Auf einmal behauptete er Dinge, die er am Anfang desselben Kapitels noch bestritten hatte. Für die zukünftigen Gründer eines deutschen Imperiums war der neue Standpunkt weitaus bequemer.

139

Die Juden konnten kaum als »kulturarmes Volk« im Sinne von Friedrich Ratzel gelten. So zielte denn auch der Hauptvorwurf gegen sie auf das genaue Gegenteil – ihr Einfluß auf das kulturelle Leben in Deutschland sei zu dominierend geworden. Trotzdem schaffte Ratzel es in seiner 1897 erschienenen *Politischen Geographie*, die Juden neben jene Völker zu stellen, die seiner eigenen Definition zufolge zum Untergang verurteilt seien. Zusammen mit »den kleingewachsenen Jägervölkern Innerafrikas« und »zahllosen ähnlichen Existenzen« begründeten Juden und Zigeuner die Klasse der »landlosen Völker in zerstreuter Verbreitung«.[63]

Land ohne Völker hingegen gebe es nicht mehr. Nicht einmal die Wüsten könnten noch als herrenlose, leere Räume gelten.

Eine wachsende Bevölkerung benötige zwangsläufig mehr Land. Land, das erobert werden müsse, »Boden, der durch Tötung und Wegführung seiner Bewohner in den Zustand von Neuland versetzt ist.«

Perikles entvölkerte die Insel von Aegina, um Raum zu schaffen für attische Siedler. Auch das antike Rom habe solche Völkerverpflanzungen vorgenommen. Diese hätten seit damals immer größere Bedeutung gewonnen, da unbewohntes Land immer rarer geworden sei und schließlich überhaupt nicht mehr zur Verfügung stand. »Kolonisation ist seitdem längst Verdrängung geworden.«

Auch die Geschichte der amerikanischen Kolonisation biete eine Vielzahl an Beispielen für die Vertreibung und Verdrängung von Menschen. »Je höher die Kultur der Eindringenden über der der im Lande Sitzenden steht, um so leichter geht dieser Prozeß vor sich«. Weshalb die Vereinigten Staaten auch das beste Beispiel abgäben für eine schnelle räumliche Expansion: von 1,8 Millionen Quadratkilometern im Jahre 1783 auf 4,6 Millionen im Jahre 1803 und auf 9,2 Millionen im Jahre 1867.

Europa sei der am dichtesten bevölkerte Kontinent, zudem der mit der am schnellsten wachsenden Bevölkerung. Kolonien seien deshalb für Europa eine Notwendigkeit.

Ein Mißverständnis allerdings sei es zu denken, Kolonien müßten stets auf der anderen Seite des Ozeans liegen. Auch Grenzkolonisation ist Kolonisation. Je näher das eroberte Land liege, desto leichter lasse es sich an die eigenen Lebensumstände anpassen und verteidigen. Die russische Ausbreitung nach Sibirien und Zentralasien sei eines der wichtigsten Beispiele dieser Art der Kolonisation.

Hitler erhielt Ratzels Buch im Jahre 1924, als er im Gefängnis von Landsberg *Mein Kampf* schrieb.

140

Zum Abendessen gibt es Kröten. Lebende Kröten. Ich erwache genau in dem Augenblick, als ich einer den Kopf abbeißen will. Und spüre ihr Herz noch pochen in meiner Hand.

141

Und das Völkerrecht? Die Briten hatten ihre Ausbreitung immer als ihr selbstverständliches Recht betrachtet. Die Ausbreitung der Franzosen in Nordafrika und die der Russen in Zentralasien hingegen verurteilten sie als Akte aggressiver Unterdrückung. Und daß die Expansion der Deutschen der Gipfel unmoralischen Verhaltens sei, darin stimmten Franzosen, Russen und Briten überein.

Die Macht sei das Gesetz, hatte Robert Knox schon 1850 postuliert. »Und wenn die keltische Rasse in den Tagen, während ich diese Worte schreibe, die Einnahme von Nordafrika vorbereitet, so geschieht das mit demselben Recht, mit dem wir selbst Hindustan eingenommen haben – dem Recht der Macht, der physischen Stärke, die in Wahrheit das einzige Recht manifestiert.«[64]

Die Briten seien erschrocken und empört angesichts der französischen Invasion, ja, verurteilten diese als ruchlose Aggression. Dabei vergesse man offenbar, daß »Gesetze stets gemacht sind, um von den Schwachen eingehalten, aber von den Starken gebrochen zu werden.«

Konnte man allen Ernstes erwarten, daß das mächtige Frankreich sich zufrieden geben würde damit, in Grenzen eingesperrt zu sein, die ihm einmal Zufall und Kriegsglück zugeteilt hatten? Natürlich nicht.

Das sei schon nicht möglich, wenn man Frankreich nur als Nation betrachte. Von einem höheren Gesichtspunkt aus müsse man sich aber daran erinnern, daß Frankreich nicht nur eine Nation, sondern vielmehr eine Rasse repräsentiere – darum seien die französischen Ansprüche völlig berechtigt.

»Die keltische Rasse fordert nichts anderes als ihren legitimen Erbteil an dieser Welt, gemäß ihrer Schaffenskraft, ihrer Anzahl, ihrer Zivilisation und ihres Mutes«, so Knox im Jahre 1850. Genau dieses Argument benutzen später die Deutschen als Legitimation für ihre Expansion nach Osten.

142

Zehn Jahre lang hatte Alexander Tille Gelegenheit, sich in Glasgow als Lektor für Deutsch mit der Ideologie des britischen Imperialismus vertraut zu machen. Ergebnis seiner Bemühungen war eine

»Germanisierung« der angelsächsischen Vorstellungen, indem er die Theorien Darwins und Spencers mit Nietzsches Thesen vom moralisch ungebundenen »Übermenschen« zu einer neuen »Entwicklungsethik« verband.

Im Hinblick auf das Völkerrecht bedeutete diese evolutionäre Ethik: Der Stärkere hat immer Recht. Der Mensch, der eine niedere Rasse verdrängt, verfährt nicht anders als besser organisierte Pflanzen mit weniger gut organisierten Pflanzen und höher entwickelte Tiere mit weniger hoch entwickelten Tieren. »Gegenüber dem Recht des Stärkeren ist jedes historische Recht hinfällig«, schreibt Tille im *Volksdienst* im Jahre 1893. Überall in der Natur seien die Höheren die Sieger über die Niederen. Die schwächeren Rassen stürben oftmals aus, ohne daß überhaupt Blut geflossen sei. Es sei »das Recht der stärkeren Rasse, die niedere zu vernichten«, mehr noch: »Wenn diese nicht die Fähigkeit des Widerstandes behaupten kann, so hat sie auch kein Recht aufs Dasein. Denn was sich nicht behaupten kann, muß sich gefallen lassen, daß es zugrunde geht.«[65]

Alexander Tille hatte seine harten »Gesetze« so allgemein formuliert, daß man sie nicht nur auf den Umgang mit primitiven Völkern auf anderen Kontinenten beziehen konnte, sondern auch auf den mit wirtschaftlich weniger erfolgreichen Völkern Europas.

Bereits im darauffolgenden Jahr, 1894, war in den *Alldeutschen Blättern*, dem Organ des Alldeutschen Verbandes zu lesen, daß die Lebensbedingungen für die deutsche Rasse nur durch eine »Ellbogenfreiheit« gesichert werden könnten, die vom Baltikum bis zum Bosporus reichen müsse. Und niemand solle sich von der Durchsetzung dieses Zieles abhalten lassen, »selbst wenn darüber solche minderwertigen Völker wie Tschechen, Slowenen und Slowaken ihr für die Zivilisation nutzloses Dasein einbüßen sollten. Nur den großen Kulturvölkern steht das Recht der Nationalität zu.«[66]

143

Immer wenn die großen Jungen zum Angriff blasen, verschanze ich mich auf dem oberen Flur in meinem Elternhaus. Ich erwarte sie am Treppenabsatz und verteidige mich, indem ich große Stücke aus dem Handlauf und dem Seitengeländer breche und als Waffen benutze. Doch meine Waffen sind leicht und mürbe wie Baisergebäck. Schon beim ersten Schlag zerbröseln sie in tausend Stücke. Blitzartig bin ich überwältigt.

Dann lösen sich im Elternschlafzimmer die Tapetenmuster von den Wänden und gleiten zu Boden. Nicht daß mir an dem protzigen Riesenblumenmuster jemals etwas gelegen hätte. Trotzdem hat dieses Herunterfallen etwas Beängstigendes. Ein Muster ist – auch wenn es auf der Außenseite prangt – so etwas wie ein Skelett. Ein Lebensmodell bricht damit zusammen. Zurück bleibt die nackte, kahle Wand.

144

Ihre Bewährungsprobe hatten die Deutschen im Jahre 1904 in Südwestafrika. Dort zeigten sie, was sie von den Amerikanern, den Briten und den anderen Europäern gelernt hatten. Sie erwiesen sich als ebenbürtig, wenn es um die Beschleunigung des Aussterbens »kulturarmer Völker« ging.

Dem nordamerikanischen Beispiel folgend, wurden die Hereros in Reservate gesperrt, das fruchtbare Land unter deutschen Einwanderern und Kolonisationsgesellschaften aufgeteilt. Als die Hereros Widerstand leisteten, erteilte General Adolf Lebrecht von Trotha den Befehl, sie zu vernichten. Das war im Oktober 1904. Von da an war jeder Herero, egal ob bewaffnet oder unbewaffnet, der innerhalb der deutschen Grenzen aufgegriffen wurde, sofort zu erschießen. Die meisten allerdings starben ohne direkte Gewalteinwirkung: Die Deutschen schleppten sie einfach hinaus in die Wüste und machten anschließend die Grenze dicht.

»Die mit eiserner Strenge monatelang durchgeführte Absperrung des Sandfeldes vollendete das Werk der Vernichtung«, schreibt der Generalstab in seinem offiziellen Kriegsbericht. »Das Röcheln der Sterbenden und das Wutgeschrei des Wahnsinnes (...) verhallten in der erhabenen Stille der Unendlichkeit.« Ausdrücklich betont der Bericht: »Das Strafgericht hatte sein Ende gefunden. Die Hereros hatten aufgehört, ein selbständiger Volksstamm zu sein.«[67] Auf dieses Ereignis war der Generalstab stolz. Seine Truppe habe sich den Dank des ganzen Vaterlandes verdient.

Mit Beginn der Regenzeit fanden deutsche Patrouillen Skelette, die um trockene Löcher lagen. Löcher, die zwischen zehn und zwanzig Meter tief waren, von den Hereros mit bloßen Händen gegraben, in der vergeblichen Hoffnung, auf Wasser zu stoßen.

Fast das ganze Volk – ungefähr 80.000 Menschen starben in der Wüste. Nur einige Tausend überlebten, zur Zwangsarbeit in deutschen Konzentrationslagern verurteilt.

Das Wort »Konzentrationslager«, das ursprünglich im Jahre 1896 von den Spaniern erfunden worden war, dann von den Amerikanern ins Englische übernommen und auch von den Briten im Krieg gegen die Buren verwendet wurde, fand damit Eingang in die deutsche Sprache und Politik.[68]

145

Der Grund für den Aufstand der Hereros, so schrieb der Generalstab, liege in deren »kriegerischer und nach Freiheit strebender Natur«.

In Wahrheit waren die Hereros nicht besonders kriegerisch. Zwei Jahrzehnte lang hatte ihr Häuptling Samuel Maherero einen Vertrag nach dem anderen mit den Deutschen ausgehandelt und unterzeichnet und den Eindringlingen weite Gebiete zugestanden – alles um Krieg zu vermeiden. Aber genau wie die Amerikaner, die sich an die Abkommen mit den Indianern nicht gehalten hatten, fühlten sich auch die Deutschen als die höher stehende Rasse und damit nicht an Abkommen gebunden, die man mit den Eingeborenen getroffen hatte.

Und wie in Nordamerika so setzten auch die deutschen Einwanderungspläne in Südafrika zu Beginn des Jahrhunderts voraus, daß der Urbevölkerung jeder Quadratkilometer nutzbaren Landes abgenommen werden müßte. Um so willkommener war die Rebellion. Endlich bot sich Gelegenheit, »die Hererofrage« zu lösen.

Die Argumente, mit denen der Völkermord gerechtfertigt wurde, übernahmen die Deutschen von den Engländern, Franzosen und Amerikanern, die diese schon länger erprobt hatten: »Weder unter den Völkern noch unter den Einzelwesen gilt das Recht, daß Existenzen, die keine Werte schaffen, einen Anspruch aufs Dasein haben«, schrieb Paul Rohrbach in seinem erfolgreichen Buch *Der deutsche Gedanke in der Welt* (1912).

»Keine falsche Philanthrophie oder Rassentheorie ist imstande, für vernünftige Menschen zu beweisen, daß die Erhaltung irgendwelcher südafrikanischer Kaffern (...) für die Zukunft der Menschheit wichtiger sei als die Ausbreitung der großen europäischen Nationen und der weißen Rasse überhaupt. Erst dadurch, daß der Eingeborene im Dienst der höheren Rasse, d.h. im Dienst ihres und seines eigenen Fortschritts, Werte schaffen lernt, gewinnt er ein sittliches Anrecht auf sein Dasein.«

146

Von meinem Platz auf der Dachterrasse des Hotels blicke ich über den Marktplatz von Agadez. Ein Schwarzer geht die Straße entlang. Er trägt eine verspiegelte Sonnenbrille und einen grauen Cordanzug. Hat er ein Recht zu leben?

Und der Mann dort drüben im schwarzen Trenchcoat? Oder jener dort, im roten Jogginganzug mit weißem Kragen? Eine Schönheit kann nichts entstellen, heißt es. Hier müßte es heißen: Stolz kann nicht entstellen. Die Menschen gehen wie Könige, vor allem die Männer in weißen Hemden und wehenden Mänteln, auf den

Köpfen Turbane, die aussehen wie Adlerhorste. Oft gehen sie Hand in Hand. Nichts haben sie bei sich, außer vielleicht einer Zahnbürste im Mund oder einem Schwert an ihrer Hüfte.

Ihre Lebensgewohnheiten sind bedroht. Der Lebensraum der Nomaden wird immer kleiner, auf der einen Seite durch die sich ausbreitende Wüste, auf der anderen durch die Felder der Ackerbauern, die heute unmittelbar an die Wüste angrenzen.

Wenn die Trockenzeit beginnt, die Weiden verschwinden und die Brunnen austrocknen, kommen die Nomaden nach Agadez. Manche verlassen die Stadt wieder, wenn die Dürre vorüber ist. Die meisten aber bleiben, sind zu erschöpft und zu verarmt, um den Kampf gegen die Wüste wieder aufzunehmen. Sie leben in einem Streifen rund um Agadez, zusammengepfercht in kleinen, runden Zelten aus Bastmatten. Längst haben sie die Einwohnerzahl von Agadez verdreifacht.

Ihr Treffpunkt ist der Kamelmarkt. Manchmal, wenn der Staub die Arbeit am Schreibtisch unmöglich macht, gehe ich dorthin. Der starke Abendwind hüllt Menschen und Tiere in eine Staubwolke. In diesem Dunst stehen tief verschleierte Männer und schauen sich die Kamele der anderen an.

Die Kamele wehren sich mit lauten, anklagenden Schreien gegen jede Veränderung. Ihre Mäuler sind aschgrau und von üblem Geruch, ihre Zungen spitz wie Keile. Sie zischen wie Drachen, schnappen wie Schlangen und beißen auf eine äußerst schmerzhafte Weise zu. Nur widerwillig erheben sie sich auf ihre hohen, schwankenden Beine und stehen dann da wie übergroße Windhunde mit geschwollenen Bäuchen und Wespentaillen, hochmütig auf die Welt herabblickend, ihre Augen voll unaussprechlicher Verachtung.

Dieselbe Überheblichkeit prägt ihre Besitzer. Die meisten können sich nicht vorstellen, ihr Leben zu ändern. Aber sie können nicht davon leben, untereinander Kamele zu verkaufen – ebensowenig wie vom Transport des selbstgewonnenen Wüstensalzes, das sie aus Bilma oder Tueggidam herbringen – schließlich transportiert ein einziger Lastwagen mehr als hundert Kamele.

Die Tuareg werden nicht gejagt wie die indigene Bevölkerung am

Amazonas oder im Dschungel von Borneo. Aber ihre Lebensgrundlage schwindet dahin wie eine Eisscholle, die schmilzt. Manchen gelingt es, auf eine andere Scholle aufzuspringen. Alte Kamelschuppen verwandeln sich dann in Tankstellen und Reparaturwerkstätten. Manche profitieren als Fahrer von ihren Kenntnissen der Wüste. Andere verachten eine solche Anpassung oder kommen damit nicht klar.

147

Ein deutscher Schullehrer sitzt heute Abend mit auf dem Dach. Seit sieben Jahren verbringt er seinen Urlaub in der Sahara, wobei sein sportlicher Ehrgeiz darin besteht, möglichst weit nach Süden vorzudringen, bevor er umkehren muß.

Morgen wird er den Bus nach Niamey nehmen und von dort nach Deutschland zurückfliegen, wo Neonazis, wie wir aus seinem knisternden Transistorradio erfahren, Nacht für Nacht Anschläge auf Flüchtlingsheime verüben. Auch in Schweden brennen Flüchtlingsquartiere. In Paris spricht Le Pen zum 1. Mai. »Ich habe ihn gehört«, sagt ein französischer Ingenieur, der für Michelin in Nigeria arbeitet. »Eigentlich dachte ich, der Faschismus würde sich, sollte er wiederkehren, möglichst bunt verkleiden, damit wir ihn nicht wiedererkennen würden. Niemals hätte ich gedacht, daß er im braunen Hemd und in schwarzem Leder wiederkäme. Niemals hätte ich ihn mit kahlgeschorenen Schädeln, Hakenkreuzen, Stiefeln und Schulterklappen erwartet. Und niemals hätte ich gedacht, daß er sich selbst als ›national‹ und ›sozialistisch‹ bezeichnen würde.

Aber er kam, ganz einfach zu erkennen, und prahlt mit seinem nationalsozialistischen Erbe. Dasselbe Geschrei nach jedem Satz des Anführers. Derselbe Haß auf alles Fremde. Dieselbe Gewaltbereitschaft. Dieselbe verletzte Männlichkeit.«

»Und derselbe Nährboden«, sagt der Deutsche. »Nach dem Krieg haben *alle* die Arbeitslosigkeit gefürchtet. Jeder wußte, wohin Arbeitslosigkeit geführt hatte und wieder führen könnte.

Fünfundzwanzig Jahre hat diese Erkenntnis vorgehalten. Dann war sie vergessen.

Die Vorteile sind verlockend: Eine Arbeitslosigkeit von fünf, zehn, fünfzehn oder besser zwanzig Prozent verhilft den Unternehmern zu einer mächtigen Position. Die Arbeiterschaft sehnt sich danach, ausgebeutet zu werden.

Und das alles ist erst der Anfang. Die große Masse der Arbeitslosen lebt auf der anderen Seite des europäischen Rio Grande: in Asien und Afrika. Wartet nur, bis die auch noch zu uns strömen«, sagte der Deutsche. »Wartet nur, bis die Grenzen fallen, wie die Mauer fiel, und alles zu einem einzigen großen Arbeitsmarkt wird. Wer wird dann die Wahlen gewinnen?«

148

Den entscheidenden Auftrieb bekam die Idee vom »Ellbogenraum«, wie der Alldeutsche Verband sie vertrat, als Friedrich Ratzel um die Jahrhundertwende den Begriff vom »Lebensraum« in die Diskussion brachte.

Der Geograph Ratzel war von Haus aus Zoologe. Sein Konzept vom »Lebensraum« verband eine biologische Theorie der Lebensformen mit einer geographischen Theorie des Raumes und formte daraus ein ideologisches Konstrukt, das erheblichen politischen Sprengstoff barg.

»Zwischen der Bewegung des Lebens, die nie ruht, und dem Raum der Erde, der sich nicht ändert, besteht ein Widerspruch«, so Ratzel in seiner Schrift *Der Lebensraum*, die erstmals 1901 in einer Zeitschrift, drei Jahre später dann in Buchform erschien. Seitdem das Leben an die Grenzen des Raumes gestoßen sei, kämpfe Leben gegen Leben um Raum.

Was gemeinhin als Kampf um die Existenz bezeichnet werde, sei ein Kampf um Raum. Was »tatsächliche Raumnot« für Auswirkungen habe, sehe man deutlich an Tieren, die in Kolonien zusammenleben: Die als erste ankommen, nehmen die besten Plätze ein. Jene, die später kommen, müssen sich mit den schlechteren begnügen. Unter letzteren sei die Sterblichkeit des Nachwuchses am größten, der Boden von Kadavern übersät.

Nicht anders, so Ratzel weiter, sei es auch bei den Menschen. Seine Leser wußten, was er damit meinte. Das Deutsche Reich war die letzte der europäischen Nationen, die ankam am Futter- und Lagerplatz. Deutschland mußte sich zufrieden geben mit den Plätzen, die noch übrigblieben von einer Welt, die längst aufgeteilt war unter den kolonialen Mächten. Und das, so sollte der Leser erkennen, war der Grund, warum in Berlin und Hamburg die Kinder der Arbeitslosen starben.

Als junger Mann war Ratzel durch Nordamerika gereist und hatte mit eigenen Augen gesehen, wie die Weißen und die Indianer dort um Land kämpften. Dieser Kampf wurde für ihn zum Paradigma, und er kam später immer wieder darauf zurück. Einige hunderttausend Indianer, erniedrigt und in unfruchtbare Landstriche umgesiedelt, hatten mitansehen müssen, wie ihr Kontinent komplett europäisiert wurde, einschließlich der Menschen, Tiere und Pflanzen.

In Mittel- und Südamerika errichteten die Spanier Städte und herrschten über die Indianer, die nun für sie in der Landwirtschaft arbeiten mußten. In Nordamerika nahmen deutsche und französische Siedler den Ureinwohnern das Land ab, um es selbst zu bebauen. »Ein Vernichtungskampf war die Folge, dessen Siegespreis der Raum, der Boden bildete.«

In diesem Kampf geht es nicht nur um »Wohnraum«, wie ihn ein Vogel braucht, um sein Nest zu bauen. Es geht um den weit umfassenderen »Ernährungsraum«, den ein Lebewesen für sich und seinen Lebensunterhalt benötigt. Zwangsläufig müßten bei der Eroberung von Raum andere hinausgedrängt werden, was für diese den Verlust ihres »Lebensraumes« bedeute. Dies habe oft die Schwächung und das Aussterben einer Spezies zur Folge.

Der immer knapper werdende Lebensraum auf dieser Erde mache es unumgänglich, daß zuerst eine alte Spezies aussterben müsse, bevor sich eine neue entfalten könne. Ausrottung sei die Voraussetzung für Fortschritt und Neuschöpfung. »Die Geschichte des Aussterbens der Naturvölker beim Vordringen der Kulturvölker liefert dafür manche Belege.«

»Noch immer weit offen bleibt die Frage, wieviel von dem Raumverlust der alten Art auf innere Gründe, die im allgemeinen Niedergang ihrer Lebenskraft liegen, und wieviel auf das siegreiche Vordringen der neuen Art entfällt. (...) Die Zurückdrängung in immer engere Räume ist in jedem Fall der äußere Ausdruck des Rückgangs.«

Eines der größten Rätsel in der Geschichte der Evolution sei das Aussterben von einigen der ältesten und größten Tierarten an der Schwelle zum Tertiär. Die Reptilien, die während der Trias, des Jura und der Kreidezeit offenbar unangefochten über Land und Wasser herrschten, starben im Tertiär aus, und wurden durch Vögel und Säugetiere ersetzt. Weshalb das geschah, wisse man nicht, sagt Ratzel. »Für unsere Betrachtung daran (ist) festzuhalten, daß eine Tiergruppe die andere räumlich ersetzt und daß sehr oft vor dem Aussterben eine numerische Abnahme stattfindet, die eine Abnahme der Verbreitung, das heißt, des Haltes am Boden bedeuten muß.«

Die Schlußfolgerungen daraus mußte Ratzel noch nicht einmal ziehen. Sie lagen auf der Hand: Ein Volk, das das Schicksal der Dinosaurier nicht teilen wolle, müsse sich um eine kontinuierliche Ausweitung seines Lebensraumes bemühen. Territoriale Ausbreitung sei nicht nur das sicherste, sondern grundsätzlich das einzig wirkliche Indiz für die Lebenskraft einer Nation und einer Rasse.

149

Ratzels Theorien waren eine Zusammenfassung dessen, was im 19. Jahrhundert geschehen war. Die Ausbreitung der Europäer über vier Kontinente sowie die Vergrößerung der britischen, französischen und russischen Herrschaftsgebiete schienen zu demonstrieren, daß territoriale Expansion notwendig sei und den Eroberern Vorteile verschaffe. Ein stagnierendes Herrschaftsgebiet galt als ebenso unnormal und nachteilig wie heutzutage eine stagnierende Wirtschaft.

In Wahrheit war das Konzept vom »Lebensraum« zum Zeitpunkt seiner Formulierung bereits überholt. Die geographischen Ausmaße mochten für landwirtschaftlich geprägte Staaten von Bedeutung sein; für Industrienationen waren andere Faktoren wichtiger. Wirtschaftlich entwickelte sich das geographisch unbedeutende Deutsche Reich um die Jahrhundertwende ebenso schnell wie die riesigen USA und viel schneller als das britische Weltreich. Technischer Fortschritt und Bildung waren für europäische Staaten an der Schwelle zum 20. Jahrhundert viel wesentlichere ökonomische Faktoren als die räumliche Ausdehnung.[69]

Die Theorie vom »Lebensraum« also war eine rückwärtsgewandte Ideologie. Möglicherweise hatte sie gerade deshalb so großen Erfolg. Sie forderte die Großmacht, die »als letzte gekommen« war, dazu auf, mit den anderen gleichzuziehen. »Der Verlierer von 1870«, wie Frankreich von den Deutschen genannt wurde, hatte es geschafft, zur zweitgrößten Kolonialmacht aufzusteigen. Warum nicht das Deutsche Reich? Deutschland lag zurück. Deutschland mußte aufholen.

Deutschland, so die Theorie vom »Lebensraum«, sollte die Kraft, die es mit den neuen Produktionsmitteln – sprich: der Industrie – erlangt hatte, einsetzen, um mehr von den althergebrachten Produktionsmitteln – sprich: Land – zu erwerben. So wie die neuen Industriebarone ihre Macht gezeigt hatten, als sie den alten Adel von seinen Rittergütern und Landbesitzen vertrieben.

Ein expandierendes Volk braucht Raum, hieß es. Ein Volk, das nicht in der Lage ist, sich selbst zu ernähren, ist zum Aussterben verdammt. Warum? – Keine Antwort.

Hitler hat den Krieg begonnen, um fruchtbares Land zu erobern. Wenige Jahrzehnte später zahlen die europäischen Staaten ihren Bauern Geld dafür, daß sie weniger anbauen.

150

Zu dem Zeitpunkt, als Adolf Hitler in die Politik eintrat, war
Deutschland eine Möglichkeit zu expandieren versperrt: Die britische Marine beherrschte die Weltmeere und verhinderte jeden Versuch, neues Land in den Kolonialregionen zu erobern.

Blieb noch der Kontinent. In *Mein Kampf* (1925–1927) beschreibt
Hitler seine Vorstellung davon, wie Deutschland und England die
Welt untereinander aufteilen sollten. Deutschland sollte sich nach
Osten ausweiten, wie England sich Richtung Westen, nach Amerika,
und Richtung Süden, nach Afrika und Indien, ausgeweitet hatte.
Diese Pläne waren es, die Hitler mit seinem Überfall auf die Sowjet-
union verwirklichen wollte.[70]

Die deutsche Propaganda hatte den Krieg als Kreuzzug gegen den
Kommunismus verkauft. Hitler hoffte, auf diese Weise die Sympa-
thien der Antikommunisten in Westeuropa und den USA für sich zu
gewinnen. Der Befehl zur Mobilmachung gegen die Sowjetunion
wäre jedoch nie erfolgt, hätte es neben den ideologischen nicht
auch handfeste ökonomische Interessen gegeben.

Kurzfristig wollte Hitler, indem er die landwirtschaftlich er-
tragreichen Gegenden der westlichen Sowjetunion eroberte, die
Ernährung der deutschen Bevölkerung für die Zeit des Krieges
sichern. Langfristig sah er einen weiteren Vorteil darin, daß auf diesem Wege »zig Millionen« Russen zum Hungertod verurteilt seien.

Die dadurch eroberten Gebiete sollten in den deutschen »Lebensraum« eingegliedert werden – als »Boden, der durch Tötung
und Wegführung seiner Bewohner in den Zustand von Neuland versetzt ist« (Friedrich Ratzel). Der überlebende Teil der slawischen
Bevölkerung sollte seinen deutschen Herren dienen und für sie
arbeiten, ähnlich wie die Hereros in Südwest-Afrika.

151

Am Abend des 18. September 1941 malte Hitler seinen Kollabora-
teuren eine rosige Zukunft aus: Die Ukraine und das Wolgabecken
sollten zur Kornkammer Europas werden. Die deutsche Industrie
würde Weizen gegen billige Gebrauchsgegenstände eintauschen.
Den Ukrainern liefern wir Kopftücher, Glasketten als Schmuck und
was »sonst Kolonialvölkern gefällt«.[71]
    Ein Scherz, gewiß. Will man aber Hitlers Vorgehensweise im
Osten begreifen, muß man sich klarmachen, daß er glaubte, einen
Kolonialkrieg zu führen. Und für Kriege dieser Art galten besondere Regeln; Regeln, wie Heinrich von Treitschke, ein bei der extremen Rechten im damaligen Deutschland äußerst beliebter
Historiker, sie in seiner Abhandlung *Politik* schon im Jahr 1899 fest-
gelegt hatte: »Das Völkerrecht wird zur Phrase, wenn man dergleichen Grundsätze auch auf barbarische Völker anwenden will. Einem Negerstamm muß man zur Strafe seine Dörfer anzünden, ohne
ein solches Exempel richtet man da nichts aus. Es ist nicht Humani-
tät und (...) Rechtsgefühl, sondern schimpfliche Schwäche, wenn
das Deutsche Reich heute nicht nach diesen Grundsätzen verfährt.«
    Treitschke hatte lediglich in Worte gefaßt, was für die europäi-
schen Staaten schon längst Praxis war und was Hitler schließlich
dazu benutzte, sein Vorgehen gegen die zukünftigen »Kolonialvöl-
ker« im Osten zu rechtfertigen.
    Im Krieg gegen die Westmächte haben sich die Deutschen mei-
stens an die internationalen Kriegsgesetze gehalten. Mehr als 96 Prozent der englischen und amerikanischen Kriegsgefangen überlebten
die deutschen Gefangenenlager; von den russischen Kriegsgefange-
nen überlebten dagegen nicht mehr als 43 Prozent.
    Insgesamt fanden im Zweiten Weltkrieg mehr als 3,3 Millionen
Russen in deutschen Kriegsgefangenenlagern den Tod; zwei Millionen davon allein im ersten Kriegsjahr. Sie starben an Hunger, an
Kälte, an Krankheit, sie wurden exekutiert – oder vergast. Die ersten, die in die Gaskammern von Auschwitz geführt wurden, waren
Russen.

Es gibt einen entscheidenden Unterschied zwischen diesen Morden und dem Mord am jüdischen Volk. Von den nichtjüdischen Russen wurden nur bestimmte Gruppen systematisch vernichtet: vor allem Intellektuelle und Kommunisten. Von den übrigen Russen sollten, laut Plan, einige zehn Millionen getötet werden, der Rest sollte unter deutschem Kommando leben und arbeiten. Das jüdische Volk hingegen sollte von Anfang an komplett ausgerottet werden.[72]

Die Einzigartigkeit des Holocaust steht außer Zweifel – innerhalb Europas. Aber in der Geschichte der westlichen Expansion in andere Kontinente gibt es viele Beispiele für die totale Auslöschung ganzer Völker.

152

Mein Magen hat sich in eine große Blutblase verwandelt. Mein ganzer Bauch ist voll schwarzen Blutes. Wie ein Zehnagel, der langsam schwarz wird und abfällt, wenn das Blut darunter geronnen ist, wird mein ganzer Körper schwarz und fällt auseinander. Was übrig bleibt, ist das pulsierende Blut hinter einem dünnen Häutchen, das wie eine Seifenblase schimmert.

Ein riesiger Tropfen schwarzen Blutes, für einen kurzen Augenblick nur durch seine Oberflächenspannung zusammengehalten – das bin ich, bevor ich platze.

153

»Die wenigsten der nationalsozialistischen Greueltaten – auch nicht der Völkermord an den Juden – (...) lassen sich im Zusammenhang mit den imperialistischen Ideen im nationalsozialistischen Programm erklären«, schreibt Woodruff D. Smith in seiner 1986 erschienenen Studie *The Ideological Origins of the Nazi Imperialism*.

Zweifelsohne ist Smith ein Spezialist von Rang auf seinem Gebiet; mit dieser These liegt er jedoch meines Erachtens falsch. Ganz im Gegenteil gab die imperialistische Expansion den Nazis die faktische Gelegenheit und den ökonomischen Anlaß für die Ausrottung der Juden. Das ideologische Gerüst für dieses Vernichtungsvorhaben, die Theorie vom »Lebensraum«, war Grundbestandteil der imperialistischen Tradition. Und in genau dieselbe Tradition gehören auch die historischen Vorbilder für die Auslöschung der Juden: die Völkermorde in den Kolonien.

Als der Massenmord am jüdischen Volk begann, lebten in Deutschland lediglich noch knapp 250.000 Juden. Alle übrigen waren geflohen oder ins Exil getrieben worden. Große jüdische Bevölkerungsanteile gab es innerhalb Europas vor allem in Polen und in Rußland. Ausradieren konnte Hitler sie nur, indem er diese Länder angriff und eroberte.

Der Hauptgrund für den Eroberungsfeldzug war nicht die Ermordung der Juden, ebensowenig wie die Siedler in Amerika westwärts gezogen waren, um die Indianer umzubringen. Die Intention war, Deutschlands »Lebensraum« zu vergrößern. Aber die russischen Juden lebten genau in den Gegenden, die Hitler als neuen »Lebensraum« ins Auge gefaßt hatte. Ihr Bevölkerungsanteil betrug dort etwa zehn Prozent, in den Städten bis zu vierzig Prozent.

Für überzeugte Nazis war der Mord an den Juden die Verwirklichung eines der zentralen Punkte im Parteiprogramm. Für die weniger überzeugten unter ihnen war es ein praktisches Mittel, um den Nahrungsmittelverbrauch zu senken und Platz zu schaffen für zukünftige deutsche Siedler. Die deutsche Verwaltung sprach von der »Entjudung« als Mittel, »überzählige Esser« aus dem Weg zu räumen und so »das Verhältnis von Nahrungsspielraum und Bevölkerung ins Gleichgewicht zu bringen.«.

Hitler selbst war Zeit seiner politischen Karriere getrieben von einem fanatischen Antisemitismus, der in einer mehr als tausend Jahre alten Tradition wurzelte und häufig zu organisierten Übergriffen und Massenmorden an Juden geführt hatte. Der Schritt vom Massenmord zur Völkervernichtung wurde jedoch erst vollzogen, als die antisemitische Tradition zusammentraf mit der Tradition des

Völkermordes, wie sie mit der europäischen Expansion in Amerika, Australien, Afrika und Asien entstanden war.

Nach der Theorie vom »Lebensraum« waren die Juden – vergleichbar den niederen Jagdvölkern Innerafrikas – ein landloses Volk. Sie gehörten einer Rasse an, die noch niedriger war als die der Russen und der Polen, einer Rasse, die kein Recht auf Leben für sich in Anspruch nehmen konnte. Es galt als natürlich, wenn solche niederen Rassen – ganz gleich ob Tasmanier, Indianer oder Juden – ausgelöscht werden sollten, sofern sie im Weg standen. Die anderen westlichen »Herrenrassen« hatten dasselbe getan.

Die Nationalsozialisten zwangen die Juden, sich Sterne an ihre Kleidung zu heften und pferchten sie in Ghettos, wie vor ihnen Indianer, Hereros, Buschmänner, Amandabele und all die anderen Kinder der Sterne zusammengepfercht worden waren. Sie starben von allein, sobald die Nahrungsmittelzufuhr in ihre Reservate unterbrochen wurde. Es war in der Tat ein trauriges Gesetz, daß die niederen Rassen ausstarben, sobald sie in Kontakt mit hochkultivierten Völkern kamen. Wo sie nicht schnell genug starben, galt es als Akt der Barmherzigkeit, ihr Leiden zu verkürzen. Sie wären ja sowieso gestorben.

154

Auschwitz war die moderne und industrielle Umsetzung einer Politik der Völkervernichtung, auf der die Weltmacht der Europäer sich seit langem gründete.

NACH ZINDER

155

Die Abschlachtung der Juden durch die Nazis muß, wie jedes andere Ereignis auch und wie einzigartig der Vorgang auch sein mag, im historischen Kontext betrachtet werden.

In seinem 1988 erschienenen umstrittenen Buch *Why Did the Heavens not Darken? The »Final Solution« in History*[73] geht der Historiker Arno J. Mayer, um Parallelen für den Massenmord an den Juden im Zweiten Weltkrieg zu finden, zunächst bis zu den Greueltaten des Dreißigjährigen Krieges zurück, als bei der Eroberung von Magdeburg am 10. Mai 1631, um die 30.000 Männer, Frauen und Kinder ermordet wurden; schließlich sogar bis ins Jahr 1096, als den Kreuzrittern elfhundert Einwohner von Mainz zum Opfer fielen.

Keine Erwähnung indessen findet bei Arno J. Mayer der Sklavenhandel, durch den rund fünfzehn Millionen Schwarze aus ihrer Heimat auf andere Kontinente verschleppt und vermutlich genau so viele getötet wurden. Ebenfalls unerwähnt bleiben die europäischen Kolonialkriege des 19. Jahrhunderts und die zahllosen sogenannten »Strafexpeditionen«.

Hätte Mayer auch nur einen flüchtigen Blick in diese Richtung geworfen, er hätte derart viele Beispiele brutaler Vernichtungsaktionen von unzweifelhaft rassistischem Charakter gefunden, daß die Verbrechen des Dreißigjährigen Krieges und der Kreuzzüge dagegen geradezu hätten verblassen müssen.

Allein auf meiner Reise durch die Sahara kam ich sozusagen zweimal nach Mainz. Der eine Ort heißt Zaatcha; seine Bevölkerung wurde im Jahre 1849 von den Franzosen komplett ausgelöscht. Der andere heißt Laghouat, dort wurde nach kurzer Belagerung am 3. Dezember 1852 das überlebende Drittel der Bevölkerung – vor allem Frauen und Kinder – massakriert. In einem einzigen Brunnen fand man später 256 Leichname.

Das war die Art und Weise, wie man mit den niederen Rassen umging. Wobei es sich weder gehörte, viel Aufheben davon zu machen, noch notwendig war, die Angelegenheit zu verheimlichen. Es war die akzeptierte Praxis. Nur dann und wann gab ein Vorkommnis Anlaß zu einer Diskussion – zum Beispiel jenes, das sich ereignete, als Joseph Conrad an seiner Novelle *Herz der Finsternis* schrieb und die zentralafrikanische Expedition auf ihrem Weg nach Zinder war.

156

Der Bus nach Zinder geht um 7.30 Uhr. Im Morgengrauen finde ich einen Mann mit einer Schubkarre, der mir hilft, meinen Koffer und meinen Computer zur Station zu bringen. Es ist ein kalter, windiger Morgen. Vereinzelt flackern Feuerchen vor den Marktständen auf der anderen Straßenseite. Hier und da glimmt noch eine Lampe, deren Schein im helleren Morgenlicht untergeht.

Eine halbe Stunde später kommt auch der Fahrer und beginnt, die Scheiben an dem großen weißen Renault-Lastwagen zu waschen, den man zu einem Bus umfunktioniert hat und auf dessen Seitenflächen in großen roten Lettern prangt: SOCIÉTÉ NATIONALE DE TRANSPORT NIGERENNE.

Verkäufer von losen Zigaretten und klebrigen Lutschern nehmen ihre Geschäfte auf. Ein zitternder Mann bietet runde, rote Nüsse an, allesamt bereits geschält und ganz entblößt auf dem Tablett ausgebreitet. Sein tiefschwarzes Gesicht ist umrahmt von einem leuchtend gelben Kindermützchen.

Kurz vor halb neun kommen die blinden Frauen, alle auf einen Schlag, singend, bettelnd, von Kindern geführt, manche mit einem Neugeborenen auf dem Rücken.

Um neun werden die Wartenden anhand der Passagierliste aufge-
rufen. Jeder erhält ein kleines Stück Papier, das beim nochmaligen
Durchgehen der Liste gegen ein Ticket eingetauscht wird, das
bereits vor zwei Tagen gebucht und bezahlt werden mußte.

Auf einem Faß stehend schleudert ein Mann das Gepäck zum Fahrer hoch, der es auf dem Dach verstaut. Anschließend steigt der
Stationsvorsteher in den Bus und beginnt von dort, die Liste der
Passagiere zum dritten Mal auszurufen. Draußen kann man ihn
kaum verstehen, außerdem ist nicht gerade leicht vorherzusagen,
wie mein Name aus seinem Mund klingen wird. Ich verpasse meinen Namen und verliere prompt den gebuchten Platz im vorderen
Abteil. Nur die Sitze ganz hinten sind noch frei.

Noch kann ich mich anders entscheiden. Noch kann ich wieder
raus. Hier hinten jedenfalls, das steht fest, werde ich die Stöße nicht
aushalten. Und einmal draußen in der Wüste, gibt es kein Zurück.
Dann muß man weiter, acht Stunden lang, was auch immer geschieht. Genau jetzt, in diesem Moment, und nur jetzt, kann ich
noch aussteigen.

Immer dieselbe Mischung aus Panik und Freude, wenn der Augenblick der Abreise näher kommt. Es ist, als verlöre man den Halt
in einer großen Liebe. Was wird geschehen? Keine Ahnung. Alles,
was ich weiß, ist, daß ich selbst es war, der sich darauf eingelassen
hat.

157

An der Spitze der zentralafrikanischen Expedition von 1898 standen
Kapitän Paul Voulet und Leutnant Charles Chanoine.[74]

Paul Voulet, 32jähriger Sohn eines Arztes, war – laut Aussage seiner Offizierskameraden – ein durch und durch blutrünstiger und
grausamer Mensch, zugleich aber von einer manchmal geradezu
lächerlichen Sensibilität. Er sei ein Mensch von schwachem Charakter gewesen, hieß es später, von zwei schlechten Menschen domi-
niert: seiner schwarzen Mätresse und Chanoine.

Charles Chanoine, Sohn eines Generals, wurde als impulsiver, skrupelloser Kerl beschrieben, »grausam aus Kaltblütigkeit und aus sadistischem Vergnügen«. Zwei Jahre zuvor, 1896, hatten die beiden Freunde Ouagadougou, die heutige Hauptstadt von Burkina Faso, erobert und gezeigt, daß ihnen bei der Vernichtung von Dörfern und beim Ermorden von Eingeborenen niemand etwas vormachen konnte. Auch angesichts der neuen Expedition hatte Voulet vor dem Gouverneur des Sudan damit geprahlt, jeden Widerstand zu brechen, indem er die Dörfer niederbrennen lassen werde.

Trotz oder gerade wegen des Rufs, den er sich erworben hatte, wurde Voulet zum Anführer einer Expedition benannt, deren Auftrag es war, die Gegend zwischen dem Niger und dem Lake Chad zu erkunden und das Gebiet »unter französische Protektion« zu stellen, wie die offizielle Bezeichnung lautete.

Im übrigen war der Befehl sehr vage formuliert. »Ich erhebe nicht den Anspruch, irgendwelche weiteren Instruktionen geben zu können, weder in bezug auf die zu wählende Route, noch im Hinblick auf das Verhalten gegenüber den Eingeborenen und ihren Häuptlingen«, schrieb der zuständige Kolonialminister bescheiden.

Ein Freibrief, der es Voulet erlaubte, seine berüchtigten Methoden anzuwenden.

158

Es sind 450 Kilometer von Agadez nach Zinder. 450 Kilometer auf einer Holperpiste, überweht von Wanderdünen, die den Bus erst hochheben, um ihn dann mit heftigen, wuchtigen Stößen wieder abwärts zu schleudern.

Der Fahrer drückt ordentlich aufs Gas, um vor Einbruch der Dunkelheit in Zinder anzukommen. Es ist, als säße man auf einem Preßlufthammer. Das Fett in meinem Blut muß zu Butter gerinnen bei dieser dauernden Vibration. Ich versuche, die Schläge mit Arm- und Beinmuskeln abzufangen, indem ich mich rechtzeitig aus dem

Sattel hebe. Aber jedes vierte oder zehnte Mal bin ich zu spät, weil ich nicht merke, daß der Fahrer seinen Fuß vom Gaspedal genommen hat. Dann erwischt es mich, und ich werde mit voller Wucht in Richtung Erdinneres geschleudert. Meine Wirbel scheinen aufeinander zu krachen, weil die Bandscheiben den Stoß kaum abfedern können.

Während der ersten Stunden weht ein heftiger Wind. Staub verwandelt den Tag in weiße Nacht, Sand fegt über Steppe und Savanne. Das weiße Steppengras ertrinkt förmlich zwischen den Wellen aus Sand, die Büsche scheinen verzweifelt darauf zu reiten. Vereinzelt stehende Bäume sind kaum auszumachen hinter dem Schleier, der alles verwischt. Menschliche Schemen kämpfen sich vorwärts, gepeitscht von Wind und Sand.

Auf den ersten Blick scheint der Sand der Angreifer in der Wüste zu sein, aber es ist die Trockenheit, die hier alles Leben tötet. Abgestorbene Pflanzen können den Sand nicht länger halten.

Vier Stunden lang fahren wir durch einen spärlichen Wald, wo höchstens jeder hundertste Baum noch lebt. Weiße Baumstämme liegen wie ausgebleichte Skelette herum.

Später, nach fünf Stunden Wüste, sind wir plötzlich inmitten von Feldern. Die Grenzen der Anbauflächen sind erweitert worden und stoßen inzwischen unmittelbar an die Grenze der Wüste. Den empfindlichen Raum zwischen der Wüste und den Feldern, wo früher die Nomaden lebten, gibt es nicht mehr.

159

Durch dieses Gebiet am Rand der Wüste marschierte im Jahre 1898 die zentralafrikanische Expedition. Sie bestand aus neun französischen Offizieren, siebzig senegalesischen Söldnern sowie dreißig Dolmetschern und »Agenten«. Zusätzlich hatte man eine vierhundert Mann starke Hilfstruppe rekrutiert, Afrikaner, die mit den Franzosen marschierten und die in der Hoffnung, irgendwo plündern zu können, an den Kämpfen teilnahmen. In Tombouctou stellt

Leutnant-Colonel Klobb der Expedition weitere neunzig Senegalesen aus seinen eigenen Truppenbeständen an die Seite.

Voulet hatte große Mengen Waffen und Munition dabei, aber nichts, womit er die Träger bezahlen konnte, die er dafür brauchte. Also hatten seine Männer kurzerhand achthundert Schwarze aufgegriffen und zum Sklavendienst gezwungen. Die gekidnappten Träger aber waren nur für das heiße Klima ihrer Heimatregion gekleidet und litten extrem unter den kalten Wüstennächten. Außerdem fielen bereits in den ersten Monaten 148 von ihnen einer Ruhrepidemie zum Opfer. Wer zu fliehen versuchte, wurde erschossen.

Nahrung holte man sich in den Dörfern, selbstverständlich ohne dafür zu bezahlen.

Packtiere und Mätressen eingeschlossen, war die Expedition auf sechzehnhundert Menschen und achthundert Tiere angewachsen. Wie ein Heuschreckenschwarm fraß sie sich durch Regionen, in denen die Menschen ohnehin schon am Rande des Hungertodes standen. Keiner der beiden Befehlshaber hatte auch nur die geringste Wüstenerfahrung. Kreuz und quer schleppte sich die Expedition von Brunnenloch zu Brunnenloch, getrieben von der Notwendigkeit, Mensch und Tier mit vierzig Tonnen Wasser täglich zu versorgen.

160

Joseph Conrad saß derweil auf Pent Farm in Kent und arbeitete an seiner Geschichte über Kurtz, der Geschichte über die Gewalttaten, die im Namen von Zivilisation und Fortschritt begangen wurden. Von den Ereignissen im Sudan wußte er nichts.

Conrad hatte seine Novelle nahezu abgeschlossen, als einer der französischen Offiziere, Leutnant Peteau, am 29. Januar 1899 nach Hause geschickt wurde, wegen »Mangel an Disziplin und Begeisterung«. Sechs Tage später, am 5. Februar, schreibt Peteau einen fünfzehn Seiten langen Brief an seine Verlobte in Paris und berichtet darin über einige der Greueltaten, in die er verwickelt war.

Die unter Zwang rekrutierten und oft schwer mißhandelten Träger, so Peteau, seien selbst während der Ruhrepidemie ohne medizinische Versorgung geblieben. War einer zu schwach um weiterzugehen, wurde ihm der Kopf abgeschlagen. Zwölf der Träger seien bei Fluchtversuchen erschossen worden, die übrigen daraufhin in Fünfergruppen an den Hälsen aneinander gekettet worden.

Um neue Träger zu rekrutieren, wurden Patrouillen ausgesandt, die die Dörfer in der Dämmerung umzingelten und jeden erschossen, der zu fliehen versuchte. Als Beweis für die ordnungsgemäße Ausführung ihres Auftrags brachten sie die Köpfe der Erschossenen ins Lager mit, wo Voulet sie zur Abschreckung der Bevölkerung auf Stangen aufspießen ließ.

In Sansa-Hausa, einem bereits unter französischer »Protektion« stehenden Dorf, ließ Voulet den Befehl erteilen, dreißig Frauen und Kinder zu töten – mit Bajonetten, um Munition zu sparen. Der Häuptling namens Kourtey sprach von noch mehr Opfern. »Ich habe ihnen nichts getan«, sagte er. »Ich habe ihnen alles gegeben, was sie von mir forderten. Sie hatten mich aufgefordert, innerhalb von drei Tagen sechs Pferde und dreißig Stück Vieh auszuhändigen. Ich habe ihre Forderungen erfüllt. Und trotzdem töteten sie jeden, den sie zu fassen bekamen. Hundertundein Männer, Frauen und Kinder wurden niedergemetzelt.«

161

Peteaus Verlobte schickte den Brief an einen Abgeordneten im Parlament. Mitte April intervenierte die Regierung. Vom Gouverneur des Sudan erhielt Leutnant-Kolonel Klobb in Tombouctou den Befehl, Voulet aufzuspüren und ihn seiner Position des Befehlshabers der Expedition zu entheben.

Wie Marlow in Conrads Novelle sich aufmacht, Kurtz im Landesinneren zu finden, so machte Klobb sich auf die Jagd nach Voulet. Seinen Spuren zu folgen, war nicht schwer. Sie bestanden aus Leichen und Ruinen, und je näher Klobb der Expedition kam, desto grauenvollere Ausmaße nahm die Verwüstung an. Klobb stieß auf

Männer, die lebendig aufgehängt worden waren – niedrig genug, daß die Hyänen ihre Füße fressen konnten, während der Rest ihrer Körper für die Geier blieb.

Vor dem ausgebrannten Dorf Tibiri, 200 Kilometer westlich von Zinder, fand Klobb die Leichen von dreizehn Frauen, an Bäumen hängend; vor Koram-Kahjo, einem Dorf unweit von Zinder, die toten Körper zweier Kinder.

Am 10. Juli 1899 erreichte Klobb das kleine Dorf Damangara, wo man ihm sagte, Voulet sei nur noch einige Stunden Fußmarsch entfernt.[75]

162

Es ist mitten in der Nacht. Mein Vater ruft an. Überrascht und völlig verwirrt renne ich in der Dunkelheit durch den Innenhof des Hotels, um das Gespräch an der Rezeption entgegenzunehmen. Doch als ich den Hörer abnehme, kann ich nur ein dumpfes Knakken hören.

Anderes war auch kaum zu erwarten, erinnere ich mich, nachdem ich aufgewacht bin. Vater ist tot.

Eine feuchte Hitze umgibt mich. In der Sahara schmerzt die Sonne wie ein Peitschenhieb, allerdings nur, wo die Sonnenstrahlen einen direkt treffen. Im Schatten war es kühl, in der Nacht sogar kalt. Hier, in Zinder, fällt das Thermometer im Sommer selten unter 40 Grad.

Die Adern schwellen an und schlängeln sich unter der Haut, pumpend, pulsierend, kurz vor dem Platzen. Hände und Füße schwellen an, die Fußsohlen schmerzen, die Finger gleichen prallen Würsten, die Haut ist überall einfach zu eng. Das Gesicht schwillt an und öffnet seine Poren. Schweiß dringt aus den Poren, plötzlich, als fielen schwere Regentropfen auf die Haut.

Ich spüre eine brennende Hitze in meinem Unterarm und merke, daß er meinen Bauch gestreift hat. Ich habe mich an meinem eigenen Körper verbrannt.

Das Fleisch schwillt an, ist überflutet, droht zu zerrinnen. Eine einzige Bewegung und der ganze Körper ist naß. Doch auch Stillhalten nützt nichts. Man ist von oben bis unten naßgeschwitzt. Ich trinke und trinke, der Salzhaushalt in meinem Körper spielt verrückt. Also esse ich Salz, werde wieder durstig davon und muß noch mehr trinken. Mein Bauch schwillt an, mein Körper läuft über, nichts hilft.

Am nächsten Morgen sitze ich wie gewöhnlich in der Bibliothek des französischen Instituts und lese in Klobbs Tagebüchern. Aber mein Hirn ist träge, als hätte ich geronnenes Blut im Kopf. Die Nachmittage beginnen früher und früher, sinken tiefer und tiefer in eine regungslose Hitze.

Am Abend, als ich vor dem Radio des Hoteliers auf die Nachrichten warte, höre ich im Rauschen des Transistors das Meer kommen und gehen. Über mir rollt eine herrliche Kühle, rollen riesige, tosende Wellen des Raumes heran.

163

Das Aufeinandertreffen von Klobb und Voulet war noch dramatischer als jenes zwischen Marlow und Kurtz in Conrads Novelle, die zu diesem Zeitpunkt bereits in der Zeitschrift *Blackwood's* publiziert worden war. Marlow muß keine Gewalt anwenden, um Kurtz dazu zu bringen, mit ihm zu kommen. Kurtz ist ernsthaft krank und folgt ihm nach einiger Überredung. Nicht so Voulet.

Klobb sandte einen Sergeanten und zwei Soldaten mit einem Brief zu ihm. Kurz und knapp wurde Voulet darüber in Kenntnis gesetzt, daß er von seinem Kommando entbunden sei und unverzüglich in die Heimat zurückzukehren habe. Voulet entgegnete, er habe sechshundert Gewehre, Klobb dagegen nur fünfzig. Sollte Klobb sich ihm weiter nähern, werde er unverzüglich das Feuer eröffnen.

Am 13. Juli hatte Voulet einhundertfünfzig Frauen und Kinder hinrichten lassen – als Strafe für den Tod von zwei seiner Soldaten, die bei einem Angriff auf ein nah gelegenes Dorf ums Leben gekommen waren. Am selben Tag schrieb er noch einmal an Klobb und warnte diesen davor, ihm auch nur noch einen einzigen Schritt näherzukommen.

Klobb war davon überzeugt, daß weder senegalesische Soldaten noch französische Offiziere auf ihren Vorgesetzten schießen würden. Worauf er zählte, waren die neunzig Soldaten, die er der Expedition aus seinen Truppenbeständen zur Seite gestellt hatte. Diese zumindest, so hoffte er, würden eher ihm gehorchen als Voulet. Was er nicht wissen konnte war, daß Voulet und Chanoine den Brief geheim gehalten und die anderen Weißen mit unterschiedlichen Aufgaben versehen in die Umgebung geschickt hatten, jeweils nur von einer kleinen Truppe Schwarzer begleitet, deren Loyalität sich Voulet sicher war.

Am 14. Juli, dem französischen Nationalfeiertag, standen die Truppen Klobbs und Voulets einander Auge in Auge gegenüber. Klobb hatte seinen Männern strikte Order gegeben, unter keinen Umständen das Feuer zu eröffnen. Dann ging er langsam auf Voulet zu, der seine Soldaten zwei Salven in die Luft abfeuern ließ. Als Klobb in Hörweite war, blieb er stehen und begann, direkt zu den Soldaten zu sprechen.

Voulet geriet außer sich, bedrohte seine Soldaten mit einer Pistole und befahl ihnen, auf Klobb zu schießen. Verwundet stürzte Klobb zu Boden, befahl aber seinen Männern immer noch, das Feuer nicht zu erwidern.

Die nächste Salve tötete ihn.

164

Voulet konnte Conrads soeben veröffentlichte Novelle nicht gelesen haben. Er kannte die Geschichte über Kurtz nicht, jenen Weißen, der sich mit Terror und Magie zum König über ein Reich von Schwarzen im Herzen Afrikas gemacht hatte.

Als jedoch die weißen Offiziere am Abend zurückkehrten, berichtete Voulet ihnen, was geschehen war und schlug ihnen seine Lösung vor, die der von Kurtz glich: Sie würden ihren Weg zum Lake Chad fortsetzen und dort ihr eigenes Königreich gründen, »ein starkes und unbezwingbares Reich, umgeben von einer wasserlosen Wüste«.

»Ich bin ab sofort kein Franzose mehr. Ich bin ein schwarzer Häuptling«, sagte Voulet.

Tags darauf entschlossen sich die schwarzen Sergeants zur Meuterei. Ein Dolmetscher warnte Voulet – und wurde auf der Stelle erschossen, weil er ihn nicht früher informiert hatte. Voulet bestieg sein Pferd und wandte sich, begleitet von Chanoine, an die Soldaten, um im selben Augenblick auch schon das Feuer auf sie zu eröffnen. Die Soldaten schossen zurück und töteten Chanoine. Als Voulet am nächsten Morgen versuchte, sich dem Lager zu nähern, wurde auch er erschossen.

Anschließend hielten die französischen Offiziere Kriegsrat und beschlossen, die Expedition fortzusetzen. Sie marschierten nach Zinder und nahmen es ein.

165

Fast den ganzen Tag über sitzt der Hotelier im Hof und spricht mit seinem Papagei, liebkost ihn mit zärtlicher, liebevoller Stimme, die in vollkommenem Gegensatz steht zu dem brüsken Befehlston, in dem er ansonsten mit seiner Umwelt kommuniziert.

Manchmal bringt er seine beiden Hunde mit her und dressiert sie im Hof. Ein Adoptivsohn scheint seine rechte Hand zu sein, ein hübscher schwarzer Junge, Sohn seiner verstorbenen Haushälterin.

Ich bin der einzige Gast. Die Geschichte dieser Stadt fesselt mich. Es stellt sich heraus, daß noch eine zweite, weitaus größere französische Expedition im Sommer 1899 die Sahara durchquert hatte und auf dem Weg nach Zinder war. Es war also ziemlich überflüssig für andere Franzosen gewesen, die Stadt einzunehmen. Aber die Überlebenden der zentralafrikanischen Expedition kamen zuerst. Sie waren die Truppen, die sich ewigen Ruhm durch die Einnahme dieser Stadt erwarben. Ihre Offiziere hofften, daß darüber auch ihre Gewalttaten vergessen würden.

Die Hoffnung ging in Erfüllung.

Zwar hatte man, als die Nachricht von der Ermordung Klobbs in Paris eintraf, am 23. August ein offizielles Ermittlungsverfahren in Gang gesetzt. Man kam aber, nachdem man drei riesige Pappkartons mit Aussagen und Dokumenten zusammengetragen und gesichtet hatte, übereinstimmend zu der Erklärung: Das Klima sei es gewesen; die afrikanischen Hitze müsse Voulet verrückt gemacht haben.

Auch die Verbrechen der übrigen Expeditionsteilnehmer wurden entschuldigt und vergessen, und Frankreich behielt seine Eroberungen. Noch im selben Jahr übernahm der linke Flügel die Regierungsgeschäfte im französischen Parlament, zeigte allerdings wenig Interesse, weiter in der Affäre herumzustochern. Noch weniger Interesse hatte der rechte Flügel. Und so blieb die häßliche Wahrheit wo sie war: in den Pappkartons mit den Ermittlungsakten.[76]

166

Irgendwann kamen die Fakten doch ans Licht. Natürlich wußten gebildete Franzosen ungefähr oder vielleicht sogar recht genau, auf welche Weise ihr Land an seine Kolonien gekommen war.

Genauso wie gebildete Franzosen in den fünfziger und sechziger Jahren wußten, was ihre Truppen in Vietnam und Algerien machten.

Genauso wie gebildete Russen in den achtziger Jahren wußten, was ihre Truppen in Afghanistan machten, und Südafrikaner und Amerikaner zur selben Zeit, was ihre »Hilfstruppen« in Mozambique und Zentralamerika machten.

Genauso wie gebildete Europäer heutzutage wissen, daß Kinder sterben müssen, wenn die Peitsche des IWF über den Köpfen der armen Länder knallt.

Nicht an Wissen mangelt es. Die gebildete Öffentlichkeit hat immer recht genau gewußt, welche Greueltaten verübt wurden und werden im Namen von Fortschritt, Zivilisation, Sozialismus, Demokratie und freier Marktwirtschaft.

167

Es hat sich immer gelohnt, dieses Wissen zu leugnen oder zu unterdrücken. Selbst heute noch gibt es Leser von Conrads Novelle, die meinen, das Beschriebene lasse sich nicht verallgemeinern.

Die Umstände im Kongo unter dem belgischen Monarchen waren einzigartig, sagt man. Und die belgische Tyrannei wurde bereits zur damaligen Zeit von vielen vernünftig denkenden Menschen verurteilt. Also habe es keinen Sinn, Conrads Novelle als eine Anklageschrift gegen die gesamte zivilisierte Welt zu lesen.

Doch in den Monaten, in denen Conrad an seiner Geschichte schrieb, passierten ähnliche, wenn nicht gar schlimmere Ereignisse in einer anderen Kammer des finsteren Herzens Afrikas – der des Niger.

Das Verhalten der Belgier war nicht außergewöhnlich und auch nicht das der schwedischen Offiziere, die in ihren Diensten standen. Conrad hätte seine Geschichte mit Figuren von nahezu beliebiger europäischer Herkunft und Kultur ausstatten können. Denn praktisch ganz Europa handelte gemäß der Maxime: »Rottet die Bestien alle aus!«

Offiziell hat man das selbstverständlich geleugnet. Hinter vorgehaltener Hand aber wußte es jeder. Nur deshalb kann Marlow seine Geschichte so erzählen wie in der Novelle. Er braucht die Verbrechen nicht aufzuzählen, die Kurtz beging und muß sie auch nicht beschreiben. Er kann auf jede Art der Veranschaulichung verzichten.

Getrost konnte Marlow-Conrad voraussetzen, daß sowohl seine Zuhörer auf der Yacht, der »Nellie«, als auch die Leser von *Blackwood's* genügend wußten, um zu verstehen, wovon hier die Rede war, und sich aufgrund dieses Wissens jene Details auszumalen, die in der Novelle nur angedeutet sind. Dieses Wissen war die Vorbedingung für das Verständnis von Conrads Buch.

Das Wissen konnte in der Sprache der zeitgenössischen Gelehrten ausgedrückt werden. Dann war der Imperialismus ein biologisch notwendiger Prozeß, der, einem Naturgesetz folgend, zum unvermeidlichen Untergang niederer Rassen führt. Dinge dieser Art konnte man sagen. Was aber wirklich geschah und was die Geschehnisse machten mit den Vernichtern und den Vernichteten, das war nur zwischen den Zeilen zu lesen.

Und als sich wenig später im Herzen von Europa wiederholte, was sich im Herzen der Finsternis ereignet hatte, war es, als bemerke es niemand. Niemand wollte zugeben, was doch jeder wußte.

168

Überall auf der Welt, wo Wissen unterdrückt wird – Wissen, das, wenn es bewußt würde, unser Weltbild erschüttern und uns selbst in Frage stellen würde – überall dort spielt sich das *Herz der Finsternis* ab.

169

Ihr wißt das schon. Ich auch. Nicht an Wissen mangelt es uns. Was fehlt, ist der Mut, begreifen zu wollen, was wir wissen, und daraus die Konsequenzen zu ziehen.

ANMERKUNGEN

1 Die jüngste geologische Periode, die unmittelbar aus der Eiszeit hervorgegangen ist.

2 Vgl. Kim Naylor, *Guide to West Africa*, London 1986, S. 193.

3 Vgl. John Aubrey, *Brief Lives*, o. O. 1949, S. 157.

4 Joseph Conrad, *Ein Vorposten des Fortschritts*, Leipzig 1982.

5 Vgl. B. W. Sheehan, *The Seeds of Extinction, Jeffersonian Philanthropy and the American Indian*, Chapel Hill 1973.

6 Vgl. R. C. Lewontin, *New York Review of Books*, Ausg. v. 14. Juni 1990.

7 Vgl. Margaret T. Hodgen, *Early Anthropology in the Sixteenth and Seventeenth Centuries*, Philadelphia 1964, S. 410.

8 Vgl. Herbert Spencer, *Social Statistics*, o. O. 1850, S. 416.

9 Vgl. Eduard von Hartmann, *Philosophy of the Unconscious*, Bd. 2, S. 12; in: J. E. Saveson, *Modern Fiction Studies*, Bd. 16, Nr. 2, o. O. 1970.

10 Vgl. Ernst Nolte, *Zwischen Geschichtslegende und Revisionismus*; in: *Historikerstreit: Die Dokumentation der Kontroverse um die Einzigartigkeit der nationalsozialistischen Judenvernichtung*, München 1987, S. 33. Hierzu auch: Frank Chalk, Kurt Jonassohn, *The History and Sociology of Genocide*, New Haven 1990; sowie: Ervin Staub, *The Roots of Evil: The Origins of Genocide and Other Group Violence*, Cambridge 1989. Keiner der genannten Autoren sieht eine Verbindung zwischen dem Genozid der Nationalsozialisten unter Hitler und dem europäischen Imperialismus. Nur in: Richard L. Rubinstein, *Genocide und Zivilisation*, o. O. 1987, findet sich ein Hinweis darauf. Mein Dank gilt an dieser Stelle Professor Sverker Sörlin, der mich auf Rubinsteins Werk ebenso aufmerksam gemacht hat wie auf Helen Feins Bibliographie: *Genocide: A Sociological Perspective in Current Sociology*, Bd. 1, o. O. 1990.

11 Vgl. K. Lange, *Der Terminus »Lebensraum« in Adolf Hitlers »Mein Kampf«*; in: Vierteljahreshefte für Zeitgeschichte 13, 1965, S. 426–437.

12 Vgl. Edgar Sanderson, *The British Empire in the Nineteenth Century: Its Progress and Expansion at Home and Abroad*, London 1898. Hierzu auch: James Morris, *Pax Britannica: The Climax of an Empire*, London 1968, Kap.1, sowie: Aaron L. Friedberg, *The Weary Titan: Britain and the Experience of Relative Decline 1895–1905*, Princeton 1988.

13 Vgl. Najder, *Joseph Conrad*, S. 135.

14 Vgl. *The Century Magazine*, September 1897.

15 Vgl. Neal Ascherson, *The King Incorporated*, London 1963.

16 Vgl. David Lagergren, *Mission and State in the Congo*, Uppsala 1970.

17 Vgl. *Regions Beyond*, Ausg. v. Mai 1896, S. 253f.

18 Vgl. Charles Dilke, *Civilization in Africa*; in: *Cosmopolis*, Ausg. v. Juli 1896.

19 Vgl. Leonard Courtney, *Journal of Royal Statistical Society*, Bd. 61, Nr. 4, 1898, S. 640.

20 C. Lô, *Les foggaras du Tidikelt. Traveaux de l'Institute de recherches sahariennes*, Algier 1953, S. 139ff. und Algier 1954, S. 49ff.

21 Vgl. Ian Smith, *The Emin Pascha Relief Expedition 1886–1890*, Oxford 1972. Hierzu auch: Richard Hall, *Stanley*, London 1974; sowie: Frank McLynn, *Stanley: Sorcerors Apprentice*, London 1991.

22 Vgl. Philip Magnus, *Kitchener: Portrait of an Imperialist*, London 1958. Hierzu auch: Trevor Royle, *The Kitchener Enigma*, London 1985; Philip Warner, *Kitchener*, London 1985; P.M.Holt, *The Mahdist State 1881–1898: A Study of its Origins, Development and Overthrow*, Oxford 1970.

23 Die Exekution der Verwundeten wurde u. a. verteidigt in: *Saturday Review*, Ausg. v. 3. September 1898, sowie Ausg. v. 10. September 1898.

24 Vgl. Geoffry Parker, *The Military Revolution: Military Invention and the Rise of the West 1500–1800*, Cambridge 1988.

25 Vgl. Daniel R. Headrick, *The Tools of Empire: Technology and European Imperialism in the Nineteenth Century*, Oxford University Press 1981; hierzu auch: W. Broadfoot, »The Lee Metford Rifle«, in: *Blackwood's Magazine*, Juni 1898.

26 Vgl. Martin Reuss, »The Disgrace and Fall of Carl Peters«, in: *Central European History*, Bd. 14, 1981, S. 110ff.; hierzu auch: *The Times*, Ausg. v. 26./27.April 1897; sowie für weitere deutsche Beispiele: Lionel Decle, *Three Years in Savage Africa*, London 1900.

27 Vgl. William Tordoff, *Ashanti Under the Prempehs 1888–1935*, London 1965. Hierzu auch: Richard Austin Freeman, *Travels and Life in Ashanti and Jaman*, Westminster 1898.

28 Vgl. Philip A. Igbafe, *Benin Under British Administration*, Longman 1979. Hierzu auch: Felix von Luchan, *Die Altertümer von Benin: Veröffentlichungen aus dem Museum für Völkerkunde*, Berlin u. Leipzig 1919; R.H. Bacon, *Benin: The City of Blood*, London 1898; M.M. Mahood, *The Colonial Encounter*, London 1977.

29 Vgl. Robert S.S. Baden-Powell, *The Matabele Campaign*, London 1897 u. 1901, S.63.

30 Vgl. T.O. Ranger, *Revolt in Southern Rhodesia 1896–1897: A Study in African Resistance*, London 1967, S.121.

31 Vgl. Darrel Bates, *The Fashoda Incident*, Oxford University Press 1984.

32 Vgl. Norman Page, *A Kipling Companion*, London 1984. Hierzu auch: Charles Carrington, *Rudyard Kipling*, London 1955.

33 Vgl. Nicholas Delblanco, *Group Portrait: A Biographical Study of Writers in Community*, New York 1984. Hierzu auch: Ian Finlayson, *Writers in Romney Marsh*, London 1986; sowie: Miranda Seymour, *Henry James and His Literary Circle 1895–1915*, Kap.5.

34 Vgl. *Chamber's Journal*, Ausg. v. 30. September 1893; sowie: Bernard Bergonzi, *The Early H.G. Wells*, Manchester 1961, und ders. »Wells and Conrad: Literary Survey«, in: *Journal of Modern Literature*, 1986, S.37ff.

35 R.B.Cunningham Graham, *Mogreb-el-Acksa*, o.O. 1898, S.25, S.43f.

36 Vgl. R.B. Cunningham Graham, »Higginson's Dream«, in: *Saturday Review*, Bd. 1, Nr. 10, 1898. Hierzu auch Cedric Watts, *Cunningham Graham: A Critical Biography*, Cambridge 1979.

37 Vgl. Stanley, *Extinction*, S.2 et passim. Hierzu auch: George G. Simpson, *Fossils and the History of Life*, New York 1983, Kap.1 und Kap.5.

38 Vgl. Cuvier, *Discours sur les révolutions de la surface du globe*, 1985; Vorwort und Nachwort.

39 Vgl. William Coleman, *Georges Cuvier, Zoologist*, Cambridge/USA/ Harvard University Press 1964, S. 143–165

40 Vgl. Charles White, *An Account of the Regular Graduation in Man*, o. O. 1799, S. 135.

41 Vgl. Charles Darwin, *Darwins Reise*, 9. Januar–13. April 1834, Halle/Saale 1893.

42 Vgl. W. Bölsche, *Ernst Haeckel*, Leipzig 1900, Kap. 9.

43 Vgl. Coleman, *Georges Cuvier*, o. O. 1964, S. 147 ff.

44 Charles Darwin, *Über die Entstehung der Arten*, Kap. 9.

45 Vgl. zitierten Wortlaut des Briefes in: *Journal of the History of Biology*, Bd. 10, Nr. 19, 1977. Hierzu auch: George W. Stocking, *Race, Culture and Evolution: Essays in the History of Anthropology*, New York 1968, S. 113 ff.

46 Vgl. Alfred W. Crosby, *Ecological Imperialism: The Biological Expansion of Europe 900–1900*, Cambridge 1986, Kap. 4.

47 Vgl. Alfred W. Crosby, *The Columbian Exchange: Biological and Cultural Consequences of 1492*, hierzu auch: Woodrow Borah, *New Spain's Century of Depression*, Berkeley/University of California Press 1951; Russell Thornton, *American Indian Holocaust and Survival: A Population History Since 1492*, Norman 1987; Mörner Magnus, *History of Latin America*, Stockholm 1969; Lewis Hanke, *Aristotle and the American Indian: A Study in Race Prejudice in the Modern World*, London 1959.

48 Vgl. Adam Smith, *Der Wohlstand der Nationen*, München 1988, Kap. 8.

49 Vgl. Philip D. Curtin, *The Image of Africa: British Ideas and Action 1780–1850*, Wisconsin 1964, S. 363 ff. u. S. 373.

50 Vgl. Darwin, *Darwins Reise*, a. a. O., Kap. 5.

51 Vgl. James Bonwick, *The Last of the Tasmanians (1870)*, London 1970. Hierzu auch: Robert Travers, *The Tasmanians: The Story of a Doomed Race*, Melbourne 1968; George W. Stocking, *Victorian Anthropology*, o. O. 1987, S. 274 ff.

52 Vgl. *Edinburgh New Philosophical Journal*, Bd. 28, Jg. 1839, S. 166–170.

53 Vgl. D. Coates u. a., *Evidence on Aborigines*, London 1837.

54 Vgl. Adrian Desmond/James Moore, *Darwin*, London 1991, S. 26.

55 Vgl. Curtin, *The Image of Africa*, 1964, S. 364, 377ff.

56 Vgl. Zin, *Joseph Conrad and Africa*, S. 186

57 Vgl. *Journal of the Anthropological Society of London*, Bd. 165, Jg. 1864; nachgedruckt in: A.R. Wallace, *Natural Selection and Tropical Nature*, o. O. 1878.

58 Vgl. John C. Greene, *Darwin as a Social Evolutionist*, in: *Journal of the History of Biology*, Bd. 10, Jg. 1977.

59 Vgl. *Transactions of the Ethnological Society of London*, London 1867, S. 120.

60 Vgl. Howison and Merivale, Abschnitte 115 und 116.

61 Vgl. J. A. S. Grenville, *Lord Salisbury and Foreign Policy: The Close of the Nineteenth Century*, o. O. 1964, S. 165 f.

62 Vgl. Darwin, *Die Abstammung des Menschen*, Stuttgart 1966, Kap. 7. Hierzu auch: Woodruff D. Smith, *Politics and the Science of Culture in Germany 1840–1920*, o. O. 1991.

63 Vgl. Friedrich Ratzel, *Politische Geographie*, o. O. 1897, S. 35, S. 119, S. 121.

64 Vgl. Robert Knox, *The Races of Mankind: A Fragment*, S. 149, S. 198.

65 Vgl. *Volksdienst* 1893, S. 21 f.

66 Vgl. Lange, *Der Terminus ›Lebensraum‹ in Hitlers ›Mein Kampf‹*, a. a. O.

67 Vgl. *Die Kämpfe der deutschen Truppen in Südwestafrika. Auf Grund amtlichen Materials bearbeitet von der kriegsgeschichtlichen Abteilung I des großen Generalstabes*, Berlin 1906; Bd. 1: *Der Feldzug gegen die Hereros*. Hierzu auch: Woodruff D. Smith, *The German Colonial Empire*, Chapel Hill/N.Y. 1978; Helmut Bley, *Kolonialherrschaft und Sozialstruktur in Deutsch-Südwestafrika 1894–1914*, Hamburg 1968.

68 Vgl. Andrej J. Kaminski, *Konzentrationslager 1896 bis heute*, München 1990, Kap. 2.

69 Vgl. Paul Kennedy, *The Rise and Fall of the Great Powers*, Kap. 5–6.

70 Vgl. Eberhard Jäckel, *Hitlers Weltanschauung*, Tübingen 1969. Hierzu auch: Reinhard Rurüp, *Der Krieg gegen die Sowjetunion 1941–1945*, Berlin 1991; R.D. Müller, *Hitlers Ostkrieg und die deutsche Siedlungspolitik*, Frankfurt/Main 1991.

71 Vgl. Werner Jochmann, *Monologe im Führerhauptquartier 1941–1944*, Hamburg 1980, S. 58 f.

72 Vgl. Gerd. R. Überschär u. a., *Der deutsche Überfall auf die Sowjet-union*, Frankfurt/Main 1991; Götz Aly/Susanne Heim, *Vordenker der Vernichtung*, Hamburg 1991, S. 115 ff., S. 123; Eberhard Jäckel/Jür-gen Rohwer (Hrsg.), *Der Mord an den Juden im zweiten Weltkrieg*, Frankfurt/Main 1987.

73 Arno J. Mayer, *Der Krieg als Kreuzzug. Das Deutsche Reich, Hitlers Wehrmacht und die »Endlösung«*, Prolog, Hamburg 1989.

74 Vgl. J.F. Rolland, *Le grand capitaine*, Paris 1976. Hierzu auch: Doug-las Porch, *The Conquest of the Sahara*, Oxford 1984; A.S. Kanya-Forstner, *The Conquest of the Western Sudan: A Study in French Military Imperialism*, Cambridge 1969; M. Mathieu, *La Mission Afrique Cen-trale*, Universität Toulouse-Mirail 1975; *Documents pour servir à l'histoire de l'Afrique Occidentale Française de 1895 à 1899*, Paris 1899; General Jolland, *Le drame de Dankori*, Paris 1984; P. Vigné d'Octon, *La Gloire de sabre (1900)*, Paris 1984; sowie: Debatten im *Chambre des députes* (21. Juni, 23. November, 30. November, 7. Dezember 1900).

75 Vgl. Klobb, *Dernier carnet de route*, Paris 1904.

76 Vgl. Akten im *Dépot des archives d'outre mer*, Aix en Provence.

Campus Geschichte

HERBERT A. STRAUSS

Über dem Abgrund

EINE JÜDISCHE JUGEND IN
DEUTSCHLAND 1918-1943

Campus

1997. 309 Seiten, gebunden
ISBN 3-593-35687-2

Der ehemalige Direktor des Berliner Zentrums für Antisemitismusforschung erzählt sein Leben als Jude im Deutschland der Weimarer Republik und der Nazizeit. Sein Buch ist eine mit Selbstkritik geschriebene Schilderung des Alltagslebens von Juden in Provinz und Großstadt und zeigt die Möglichkeiten, die die jüdischen Einrichtungen dem einzelnen boten, die Nazipolitik weitgehend unbeachtet zu lassen.

Campus Verlag · Frankfurt/New York